マッキンゼーが教える科学的リーダーシップ

リーダーのもっとも重要な道具とは何か

マッキンゼー・アカデミー
クラウディオ・フェサー
吉良直人 訳

WHEN EXECUTION ISN'T ENOUGH

DECODING INSPIRATIONAL LEADERSHIP

CLAUDIO FESER

ダイヤモンド社

WHEN EXECUTION ISN'T ENOUGH

by

Claudio Feser

This translation published under license
with the original publisher John Wiley & Sons, Inc.
through Tuttle- Mori Agency, Inc., Tokyo

はじめに――マッキンゼーの科学的リーダーシップに触れる日本の読者への解説

マッキンゼー・アンド・カンパニー　日本支社長　アンドレ・アンドニアン

「ファクト（事実）を重んじるマッキンゼー」というよく知られたハードなイメージを持って本書を手にされた読者は、多分にソフトな内容に驚かれるかもしれません。本書で紹介される「インスピレーショナル・リーダーシップ」というアプローチは、人間の内面深く入り込んで影響力を発揮する最高にソフトなスキルですし、全編を通して展開されるケースは、誠実ながら不器用なCEOを主人公とした、感情を揺さぶられるストーリーだからです。

それでも、本書はまぎれもなくファクト重視、リサーチ重視であり、マッキンゼーらしい科学的なリーダーシップを体現しています。著者のクラウディオ・フェサーをチェアマンとするマッキンゼー・アカデミーのメンバーは、2年間のリサーチを行い、世界中の企業組織165社の37万5000人に対してアンケート調査を行って膨大なファクトを集め、どのようなリーダーシップが成果を生み出すのかについて科学的な根拠を手にしました。それに基づいて本書では、インスピレーショナル・リーダーシップという健全な組織を構築し、組織全体の変革を成功させるためのパワフルな手法を頂点に、9つの影響力行使手法を体系化し、状況に応じて使い分ける方法を具体的に解説しています。

マッキンゼー・アカデミーは、クライアントのリーダーシップ開発を支援することを目的に2013年に設置されたグローバルな社内組織で、150人以上のコンサルタントとファシリテーターを擁しています。近年のデジタル化をはじめとする技術的変化や、グローバル化の猛烈な進展に伴って、リーダーシップに対する新たなニーズが世界中で劇的に高まったことから、世界的な企業のリーダーや権威ある学術研究者たちをアドバイザーにして、本書の考え方に基づくさまざまなプログラムを提供しています。

本書の原題は、「実行するだけでは十分ではないとき」（When Execution Isn't Enough）というものですが、日本の現状は、まさにこの言葉が当てはまると考えています。日本の組織の「実行する力」は世界でもトップクラスです。しかし、イノベーションやグローバル・リーダーシップがかつてなく必要とされる今日、実行する力だけでは不十分です。あいまいな空間、よくわからない状況で人々をモチベートし、人的ポテンシャルを解き放ち、エンパワーすることができるインスピレーショナル・リーダーの存在が不可欠なのです。

リーダーシップは人それぞれの個性に応じて多様であるべきですが、インスピレーショナル・リーダーシップは学んで身につけることができる科学的手法です。そのためのリーダーシップの旅路を、ぜひ体験してみてください。

When Execution Isn't Enough

Decoding Inspirational Leadership

Contents

マッキンゼーが教える 科学的リーダーシップ

目 次

PART I
Inspiring and Influencing

影響力とインスピレーションとの特別な関係

CHAPTER 1

PART II
Inspiring Others

どんなときに人は、インスピレーションを感じるか

PART III
Targeting Inspirational Appeals

どんなインスピレーションに狙いを定めるか

PART IV
Inspiring at Scale

大規模な組織にインスピレーションを与える

CHAPTER 14

CHAPTER 15

イントロダクション――なぜ、リーダーの一部はこのようなことが可能なのか

リーダーの中でも一部の人たちは、人を動かすことができる。ネルソン・マンデラについて考えてみよう。彼は、大勢の人たちにインスピレーションを与え、行動に駆り立て、南アフリカを、そして歴史を変えた。彼は、困難に耐え、平等、尊厳、許容、正義といった価値観を体現するロールモデルとして奉仕した。

同様に、リーダーの中の一部は、自分がロールモデルとなり、人々の誇りを揺り動かし、達成は無理だろうと思われるような企業の変革プロジェクトを共に行い、一体となった力を示すといった価値観に訴えることで変革を達成し、素晴らしい組織を築いてきた。

また、スティーブ・ジョブズについて考えてみよう。彼の熱意、エネルギー、それに彼自身を突き動かすものは、人々に伝染するものであった。彼は、自分の持つエネルギーとビジョンを人々に「伝染」させ、興奮と目的を拡散していったのである。彼は、世界で最も尊敬される組織の1つ、アップルを築いた。アップルが生み出した数多くのイノベーションを考えれば、スティーブ・ジョブズは世界を変えたとも言える。

同様に、一部のリーダーは興奮と熱意を創り出し、それが組織の変革を活気づけることが

ある。そうしたリーダーたちは、社員の感情に訴え、素晴らしい組織となるよう行動させ、動機づけたのである。

こうしたことが起こるのは、企業のリーダーが組織の変革を活気づけ、ドキドキするような素晴らしい未来像を描いた場合であったり、政治家が民衆の持つ怒りや不満を指摘し、選挙に勝つためにより良い未来を約束し、より良い国家像を描くような場合である。

インスピレーションを与えるリーダーシップとは、人々の心の中の動機づけの要因、価値観、それに感情を対象とするものだ。このことが、実は偉大な組織を築くカギとなる要素であり、組織が巨大な変革を遂げて改善を果たすための、最も有効なリーダーシップのアプローチなのだ。

インスピレーションを与えられることにより、人々にはエネルギー、熱意、やる気が生み出され、そして自分自身と組織全体の変革の両方に必要な、粘り強さが生まれる。

インスピレーションを与え動機づける能力は鍛えることができる

しかしながら、企業の幹部たちは「インスピレーションを与えるリーダーシップ」についてしばしば話題にし、理想像として語るものの、実際にアプローチとして行動に移すことはまれである。人々を動かすリーダーシップのアプローチの、使用頻度の実績を見ると、リーダーたちが「インスピレーショナル・リーダーシップ」の手法を使うのは、すべての機会の中でもわずか2％でしかない。

常に変わり続ける顧客の要望、新しい規制の数々、継続的な技術イノベーションなど、今日のダイナミックな事業経営環境の変化のペース、それに、企業が環境変化に対応して自らを変えることができず、生き抜くことに失敗する確率の高さを考慮すれば、企業リーダーたちが「インスピレーショナル・リーダーシップ」を使う頻度がまれなことは驚きである。なぜなのだろう。

簡単に言えば、それは実行が難しいからである。人々と組織にインスピレーションを与えるには、能力が必要であり、リーダーによっては自信が要求される。だが、能力と自信は築くことが可能だ。たしかに、リーダーによっては、他の人よりもインスピレーションを与えることが上手な人はいるかもしれないが、インスピレーションを与え他の人たちを動機づける能力は、生来の内在的な傾向ではない。

他の人たちにインスピレーションを与える能力は、意識的で意図的に学ぶことのできる行動パターンに基づいている。したがって、この能力は意図的に練習することによって、身につけることができるものなのだ。[*1] だから、あなたも優れたインスピレーションを与えるリーダーとなることが可能なのである。

リーダーシップの道具箱を提供する

この比較的薄い書籍の目的は、他の人たちにインスピレーションを与えるあなたの能力と自信を高めることである。本書は、個人の集まりであれ、チームであれ、組織全体であれ、そこにいる他の人たちに対して、あなたがインスピレーションを与え、動機づけを行う能力を、身につけられるように設計されている。

本書を構成する4つの必須概念を学ぶことにより、インスピレーショナル・リーダーシップの実施に必要な各種ツールの入った「道具箱」を、あなたも手に入れることができる。

1.「インスピレーションを与えるリーダーシップ」とは何か

「インスピレーションを与えるリーダーシップ」とは、個人の集まり、チーム、および組織ユニットが共通の目標を達成するために、他の人たちの協力を勝ち得る目的で、あなたが用いる社会的影響力を行使するプロセスである。[*2] 多様な影響力行使アプローチを学ぶことにより、「インスピレーションを与えるリーダーシップ」とは何か、どのように、いつ使えばよいのかを理解することができる。脳神経科学が示すように、「インスピレーションを与えるリーダーシップ」は、私たちの脳が学び、変化するプロセスに基づいている。

2. 他の人にインスピレーションを与えるにはどうすればよいのか

他の人たちの感情や価値観をどのようにして理解し、それに合わせたインスピレーションを与え、行動を起こしてもらうには、どうすればよいのかを学ぶ。

3. 「インスピレーションを与えるリーダーシップ」はいつ使えばよいのか

インスピレーションを与えるアプローチは、誰にでも効果的とは限らない。どういう人たちには効果的なのか、また、インスピレーションを与えてもあまり効果のない人たちには、どういった戦略を使えばやる気を引き出し、変化につなげられるのかを学ぶ。それが、「インスピレーショナル・リーダーシップ」をいつ使い、どういう場合には使わないのかを選ぶ、という最善の戦略につながる。

4. 大規模な組織に「インスピレーショナル・リーダーシップ」を使うには

インスピレーションを与えるアプローチは、複数グループの人たちや、全組織に対して、効果的に影響力を行使することができる。カギとなるのは、このツールをいつ、どのように用いれば最大の効果を発揮するのかを知ることである。

本書を読むうえでの注意点

本書をお読みいただく前に、３つのことを申しあげておきたい。

第１に、インスピレーションを与える手法、あるいは他のアプローチであろうと、他者に影響を与えるという発想に異論を持つ読者がいるかもしれない、ということである。

そういった方々は、そうした手法が人心を操作する行為だと考えるかもしれない。だがそうではなく、インスピレーションを与えたり社会的影響を与えるテクニックを、価値的には善くも悪くもないツールであると考えていただきたい。

リーダーによっては、そうしたツールを自分の下にいる人たちのためにではなく、自身の利害のために、情報の誤用や人心の操作に用いることがあるかもしれない。しかしながら、リーダーはまた、良心に従ってインスピレーションを与えるなどの手法を使って、共通の目標達成のために行動をとり、しっかり軌道にのせようとするかもしれない。

第２に、第10章では「どのような人たちか？」（ＷＡＰＬ）という分析モデルを紹介し、他の人たちの認知および感情の傾向を理解するための「プロファイリング」を行う簡単なフレームワークを説明している。このツールには、他の人たちの思考パターンを診断するうえで助けとなる、いくつかの質問が含まれている。

ＷＡＰＬフレームワークは、特定個人の行動傾向を理解し、その人たちの反応を引き出すための、ベストと言える可能性の高い影響力行使アプローチを見つけるためのツールである。しかしながら、本書は人間行動の全体像を分析する手法を説明するものではないことを、お断りしておきたい。

人間は信じられないほど複雑であり、各個人はユニークな存在である。各個人を形成する遺伝子の構成と現在までの人生経験は、各個人固有のものである。したがって、個人の動機づけ、行動、あるいは信条を正確に「読み取る」ことは不可能である。だが、短時間で誰かの行動パターンあるいは傾向に関して、学術と情報に基づいた仮説をまとめることは可能であり、それが本書の目的である。

第３に、「インスピレーションを与えるリーダーシップ」という概念を現実に近く、実用的なものとするために、本書ではインフルー社という健康・医療機器の国際的メーカーのリーダーを題材として物語を展開している。この機会に、この物語がまったくのフィクションであり、現実の人物、企業、出来事に類似しているところがあるとしても、それは偶然の産物であることをお断りしておきたい。

それでは、私たちの物語の主人公、ロンドンに本社を置く健康・医療機器メーカーのCEOであるジェームズ・ロビンソン氏にお会いいただこう。

あなたと同じく、彼も新たな発見を求めて旅立つところである。

クラウディオ・フェサー

PART I

Inspiring and Influencing

影響力とインスピレーションとの特別な関係

CHAPTER 1

プロローグ

ジェームズ・ロビンソンは、自らの能力を証明する

ジェームズとインフルー社の物語①

新しいポジション、新しい処遇

ジェームズは、ロンドンのヒースロー空港からニューヨークのJFK空港に飛ぶ便のビジネスクラスの席に、ゆったりと腰かけていた。この便には乗客が次々と搭乗してきていた。ヒースロー空港のパスポート・チェックは、彼には苦痛だった。ヒースローでの搭乗前手続きにはいつもイライラさせられた。搭乗客には無関心な航空会社とセキュリティ担当者の間を抜けて、列に並んで手続きの順番を待つことに、ジェームズはいつまでも慣れることができなかった。

ジェームズは、40代半ばの、勤勉で価値志向が強く、正直で知的好奇心の強い男であり、ビジネスクラスでの旅はいつものことだった。それでも慣れるには、かなりの時間がかかった。彼が今勤めているインフルー社のCEOに指名される前の勤務先であった中規模の米国系製薬会社では、彼が急速に昇進したことで、移動するときには会社の保有するプライベート・ジェットを使うか、少なくともファーストクラスを使っていたからである。

ジェームズは、飛行機の座席の選択について、誰かに文句を言うわけにはいかなかった。インフルーの急速な業績回復を狙い、過酷だが成功しつつある経費削減努力の中のごく小さな要素として、トップ・マネジメントといえども航空会社の定期便を使うこと、という方針を打ち出したのは彼だったからである。

入社した当初は、業績立て直しの必要性があるとは感じられなかった。入社時のインフルーは、カリスマ的な存在に率いられる、診断機器業界の象徴のような企業であった。今は取締役会の会長を務めるカール・エグゼターは、オックスフォード大学を卒業した研究者だが、血液による安価な診断手法が、新技術による新市場として拡大していた1990年代に、インフルーを誰が見ても認める診断機器業界の先端企業へと成長させてきたのだ。

輝きを失っていた先端企業

アナリストやメディア、それに学界の研究者はインフルーを高く評価し、マーケットリーダーに駆け上ったケース・ヒストリーを書きたがった。しかし、インフルーはもはや、みんなが考えるような、遠くを照らす灯台のごとき企業ではなくなっていたのだ。ジェームズが入社してから数カ月のうちに、品質面の問題が発生したために新製品を市場から引き揚げざるをえなくなり、利益水準低下の警告文を2回発表しなければならなかった。その結果、株価は急激に下落した。会社についてさらに知識を得ている間にジェームズは、インフルーが、みんなが考えていたような素晴らしい会社ではなくなってしまったことに気づいた。彼が入社する何年も前に、インフルーは持っていた優位性を失っていたのである。

インフルーは、ダイナミックな変化を遂げる診断機器業界において、技術進歩のいくつかに乗り遅れていた。病気を診断する分子マーカー、遺伝子分析、電子科学、そして物性科学といった分野で、技術革新および科学の発達が進んだことで、多くの顧客にとって解決手法の領域が大きく拡大していたのである。不幸なことに、新技術の活用で事業機会は広がり、数多くの企業が診断技術市場に参入し、インフルーの製品市場においても競合企業の数が増大した。アジア企業が市場に新規参入し、安価で簡便な診断キット分野では圧倒していた。インフルーがこれまで優位性を持っていた市場でのシェアは下降し、拡大しようとしていた新規市場、特にアジアとラテンアメリカ市場では、拡販戦略がうまくいっていなかった。

診断機器市場は、いわばターボ・チャージャーの付いたエンジンで駆動され、敏捷性がある急速に成長する市場で、インフルーは変化に追い付いていこうと苦闘していた。インフルーの成長スピードは競合各社よりも遅かったのだ。血液診断、分子診断、それに医療機器の主要3事業分野のすべてで、そして主要国市場のほとんどでシェアを失っていたからである。インフルーのインフラストラクチャーは、売上げと製造量のとどまることのない拡大という成長志向で設計されており、そのため利益率は圧縮されていた。象徴的成長企業であったインフルーは、株主に価値を還元して貢献する力をほぼ失っていたのである。

「命令とコントロール」によるアプローチ

ジェームズは、診断機器業界の外からの人間としてインフルーに入社した。彼の名前が知られるようになったのは、前任の会社の業績回復を達成したからであり、経営でトラブルに見舞われたときに何をすべきかがわかっていたからだ。彼には、インフルーを元の成長軌道に戻すために、何をすべきなのかがわかっていた。問題はそれほど複雑なものではなかった。研究開発費のような投資を削減し、経費を削減し、人員数を削減し、非コア資産を売却し、会社が後れを取っている急速に成長している市場に、利益剰余金の一部を再投資することであった。

彼の実施したリーダーシップ・アプローチは、「命令とコントロール」と呼ばれる、戦略と同様に簡単なものであった。具体的には、インフルーの血液診断、分子診断、医療機器の3事業分野ごとに、明確な費用削減目標と意欲的なKPIを設定した。同時に、積極的な対応手段をトップダウンで設定した。そして、彼と部下の部門チームが合意し実施を約束した計画を、確実に実施するよう意思決定を行う会議の予定を組んだのである。彼の手法は単純なものであった。野心的な目標設定、トップダウンの指示、そして常時、容赦なくプレッシャーを与えること、であった。だが、業績回復は簡単ではなかった。彼は資産を売却し、経費を削減し、社員それも大勢の社員をレイオフした。きれいごとでは済まなかったのだ。さらに、アジアやその他新興国市場で、積極的な投資をいくつか行った。

この手法には効果があった。インフルーは最終的に主要国市場でのシェアを20%失ったものの、利益率は上がり、株価も同様に上昇した。その結果、取締役会、株主それにメディアはこぞって、ジェームズの行った業績回復の成果を賞賛した。人によっては、彼を診断機器業界のライジング・スターと説明し、フィナンシャル・タイムズ紙はその記事で、ジェームズを新たに登場した「診断機器業界の神童」と表現し、インフルーの業績回復を祝い、彼の果たした役割を褒めたたえた。そのことで彼の父、彼の学んだ著名な州立大学の教授、それに彼のメンターであるインフルーの取締役会会長カール・エグゼターは、大いに満足したのである。

こうした記事が出た当時、ジェームズもまた、関連はあるもののまるで異なる業界の、企業の業績を立て直したことを誇りに思っていた。しかし、それから12カ月が経過し、彼の達成感や誇りは色あせてしまい、同様に彼の業績に対する取締役会の評価も色あせてしまった。

診断機器市場全体は成長を続けていたのに、インフルーは成長していなかったからである。事実、アジア市場への投資にもかかわらず、インフルーはまったく成長していなかったのだ。

もちろん、ジェームズが対応策を実施しなかったわけではない。彼は、効果が実証されている手法を実施した。彼は、3つの事業ユニットのKPIを、成長に焦点を当てて改定した。さらに、彼はコアKPIとして各事業部門に、四半期ごとに新製品を1つ開発するという要求を新たに設定した。それればかりではない。彼は、部下の戦略チームの助けを借りて、いくつかの積極的な成長プロジェクトを定義し、容赦ないプレッシャーを継続的にかけた。

きみに1年間の猶予をあげよう

しかしながら、どういうわけか今回は効果が出なかった。事業部門が、彼が期待したようなペースでイノベーションを達成することもなければ、成長プロジェクトの成果を生み出してくれることもなかったのである。2つの事業部門長は、彼の要請というよりも命令に、少なくとも表面的には従っていた。しかし、彼らは成長プロジェクトの実施では成果を示さず、部門内で少なくともある種のイノベーションを達成してはいたものの、大半は旧い製品を新しいパッケージに変えただけだった。3番目の部門長に至っては、新製品開発と成長目標のいずれにおいても結果をまったく出さず、経営資源の不足やトップ人材の不足、それにジェームズの設定した目標が非現実的だと主張するなど、あらゆる種類の言い訳を用意して反論した。

3人の事業部門長のいずれもが、ジェームズの考えるインフルーのビジョンに合意していなかったが、そもそも彼のビジョンは、ビジョンというより、むしろ成長へのプレッシャーでしかなかった。さらに悪いことに、3人の事業部門長は互いに口をきかず、敵視しあうようになったが、この問題は組織の下層になるほどよく見られる現象であった。

この間に、インフルーのアジアの競合企業は成長を続けた。彼らは、事実上ほぼすべての国の市場でインフルーのシェアを奪っていき、それにはインフルーが長い間明確なマーケットリーダーであったヨーロッパ市場までもが含まれていた。過去1年の財務状況は満足のいくものではなく、投資銀行はカールに対して、インフルーよりも小さな、設立後5年も経たない新興企業への売却提案を持っていっているとの噂が流れていた。

最近の取締役会で会長のカールは、インフルーの成長鈍化に対する不満を述べた。そして会議の終わりに、「きみが会社を成長させることができることを証明する期間として、1年間の猶予をあげよう」と、みんなの前でジェームズに告げたのである。この言葉の裏に込められた警告を読み取り、ジェームズの心は悔しさと心配でいっぱいになった。

影響力を与えるプロセスの心理学

この訓告は、離陸前にシートベルトを締めているジェームズの心の中で、こだまのように響いていた。カールはこれまで常にジェームズのメンターであり、支援してくれていたので、彼の不支持には心が痛んだ。ジェームズは、カールの視点から、何が問題なのかをもっとよく知る必要があり、彼の望んでいることを満足させるには何が必要なのかを考えなければならないと気づいていた。

ジェームズはこうした考えを巡らせていたために、年配の紳士が隣の席に座ったのに気づかなかった。少しばかり今の時代には合わない印象のやや長めの髭を蓄え、表情の豊かな顔をした紳士は、ジェームズの想像するギリシャの哲学者のような風貌で、「インスピレーションを与えよ―成長への道」と書かれた、数十ページの綴じられた書類を読んでいた。

彼がジェームズのほうを見たとき、ジェームズは「興味をそそられるタイトルですね」と口に出さずにはいられなかった。

「ありがとう。これは私が書いたものなのです。出版の前の校正をしているのですよ。校正を終えて、今週中にはニューヨークで、経営誌の編集部に渡さなくてはいけないのです」

「初めまして、私はジェームズ・ロビンソンと言い、ロンドンに本社のある診断機器の会社インフルーの社長をしています。私の仕事でも成長は重要なのです」

「マーク・ジェンセン博士です。お会いできてうれしいです」

「ジェンセン博士は経営学の教授でいらっしゃいますか？」

「えっ、私ですか？　いいえ、私は心理学者です。影響力を与えるプロセスについて研究調査をして論文を書いています。それに、企業の役員とマン・ツー・マンでのコンサルティングもたくさんやっていますよ」

「ちょうどよかった。私も企業の役員の１人です」とジェームズは答えた。「だから、影響力が成長とどういった関係があるのかを、ぜひ知りたいのです。それに、どうすれば社員にインスピレーションを与えられるのかについても。当社にとって、これが大問題なのです」

「そうですね。では、その問題について話しましょう」とジェンセン博士は答え、座席に座り直した。

ジェームズは、影響力を与えるプロセスの研究で世界的に知られる心理学者と、いつのまにか会話を始めていた。会話は、目の前の霧が晴れるような内容の議論となり、しかも長い会話となった。ジェームズ・ロビンソンとマーク・ジェンセンの乗った飛行機がニューヨークに着く頃には2人は友達となり、ロンドンに戻ってからまた会うことを約束した。

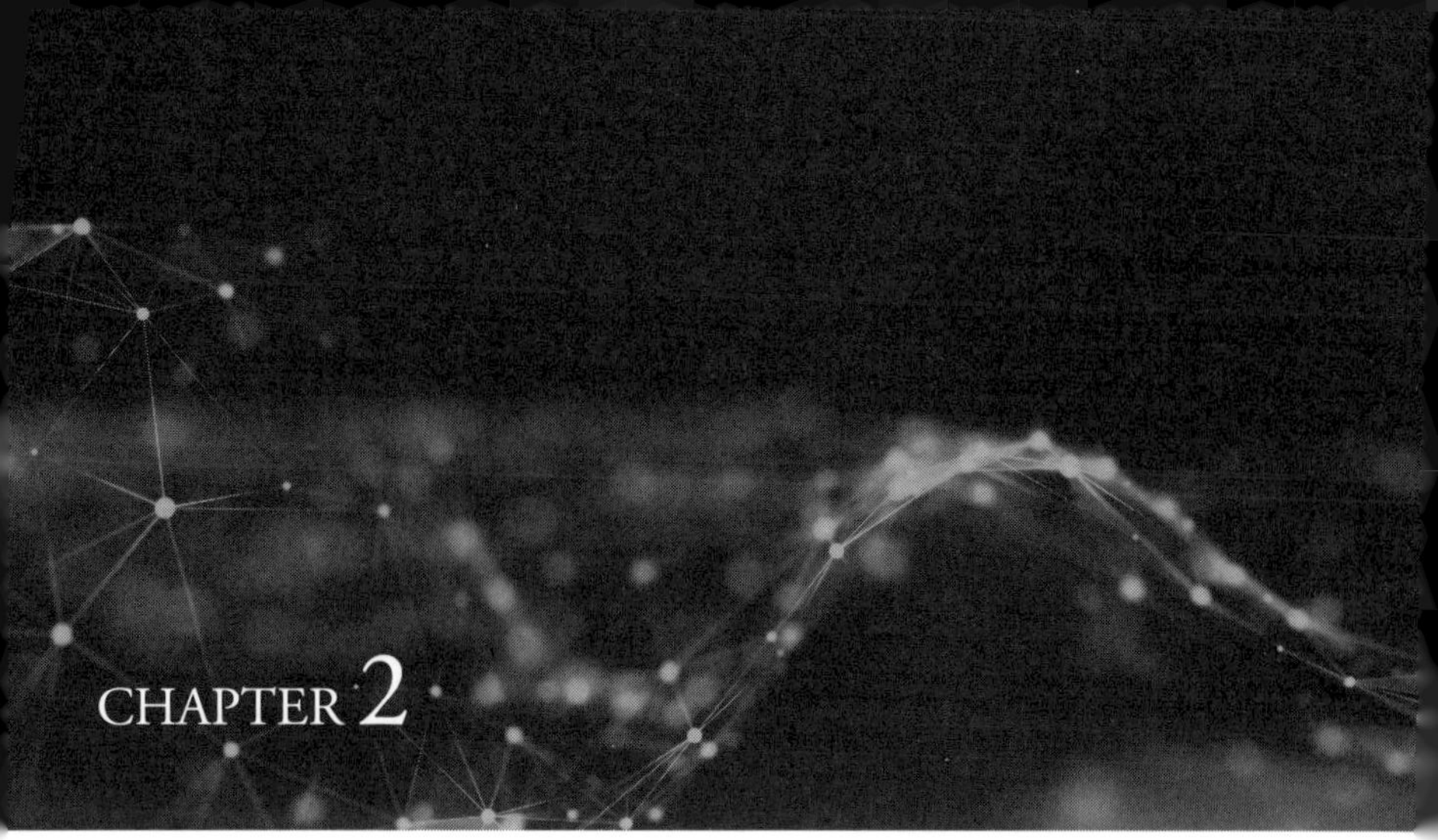

CHAPTER 2

リーダーにインスピレーションが大切な理由

もしあなたの行動によって、他の人たちがもっと多くの夢を持ち、もっと多くを学び、もっと多くのことを成し遂げ、もっと大きな人間になろうとするとしたら、あなたはリーダーである。

——ジョン・クインジー・アダムズ（第6代米国大統領）

マッキンゼーの2年間に及ぶリサーチ成果

ジェームズが直面している課題と似た、リーダーシップについての課題を抱える企業幹部は、数千名とは言えないとしても、数百名はいるに違いない。

事実、今日ではリーダーシップ研究に関して、ほとんど際限のない需要が存在している。私たちの住む、常に変わり続け、ダイナミックで相互に結び付いた世界には、どんどん巨大化して複雑になっていく組織には、さらに優れたリーダーが必要だ、という信仰があるからだ。リーダーシップ研究に対する需要の高まりに応じて、書籍、論文、セミナー、会議、それにTEDカンファレンスやTEDに類似したプログラムなど、多すぎると感じられるほどの情報が生み出され、優れたリーダーになりたいと考える人たちやリーダーを育成する人たち、すなわち社長、上級役員、人事担当役員やコーチング担当者に提供されている。リーダーシップに関する書籍だけでも、2016年3月現在、18万冊がアマゾンで販売されている。

より良いリーダーになるには何が重要なのかということに関して、アドバイスが不足しているわけではない。将来の魅力的でエキサイティングな姿をどうやって描くのか、決断力のある行動をとるには、権限移譲をするには、他の人に動機づけを行うには、ロールモデルになるには、有効な交渉を行うには、異なる状況に合わせた行動を選ぶには等々、提供される助言は枚挙にいとまがない。より良いリーダーになるための要件をリストにまとめようとすれば、何年もかかるに違いない。しかも、アドバイスによっては、他のアドバイスと矛盾する正反対のことが説かれ、できあがったリストにも混乱をもたらし、まったく役立たないだろう。

しかし、本当に重要なことは、何だろう?

この質問こそが、数年前に、マッキンゼーの中でコンサルタントを務める私たち自身に問いかけたものである。その質問は、「リーダーの業績と組織全体の業績を向上させる、リーダーシップに求められる、いくつかの具体的スキルが存在するのだろうか?」というものであった。

この問いの答えを求めて、私たちは2年にわたる長いリサーチの旅に出た。私たちのコンサルティングでの実務的な経験と関連する学術的論文を探し求め、私たちがまとめ上げたのは、強力なリーダーシップ実績に結び付くことの多い、20の明確に異なるリーダーシップ行動であった[*1]（表2-1参照）。

次に、世界中の企業組織165社の37万5000人に対してアンケート調査を行い、特定のリーダーシップ行動がそれぞれの組織でどれくらいの頻度で実施されたのかを評価した。そして最後に、調査参加企業の組織の健康度を、「組織の健康度4区分」と呼ぶグループに分解した。組織の健康度は、組織自体の生み出したものと経営プロセスの内容で測られ（表2-2参照）、株主収益率と強い相関があることが示されている[*2]。

健康度の低い組織は、イノベーションの水準の低さ、顧客の離反、従業員のやる気のなさ、才能ある人材の不足、それに財務的苦境などといった厳しい課題に通常直面している。反対に、健康な組織では、業界のトップを切るイノベーションを実施し、市場でのシェアを拡大し、最高の人材を獲得し、社員にやる気を起こさせる動機づけをしており、通常好業績を達成し、例外的に高水準な株主収益率を実現しているのだ。

表2-1 リーダーとしての振る舞い

マッキンゼーの経験と学術文献の調査に基づき、20の項目をリーダーとしての振る舞いとして抽出した。この20項目を組織の健康度の差異を予測する変数として検証した。抽出された20項目は、下記のとおり。

■ 協力的である
■ 変革を望むチャンピオンである
■ 目的、報酬、結果を明確に設定する
■ 豊富な語彙を使い、熱心に伝える
■ 他の人たちを育成する
■ 集団としての使命を創り上げ、共有する
■ 部下、フォロワーを選別する
■ グループ内の協力を手配する
■ 相互の尊敬関係を推進する
■ 人びとを誉める
■ グループを業務・作業別に組織する
■ 質の高い意思決定をする
■ 他の人たちを動機づけ、最良の結果を生み出す
■ 批判的な視点を提供する
■ 強い結果志向で運営する
■ 失敗しても前向きの態度で立ち直る
■ 不確実な状況でも、冷静さと自信を失わない
■ 組織の価値観のロールモデルとなる
■ 異なる視点を探し求める
■ 効果的な問題解決を行う

---

5. **調整と管理：組織の業績とリスクを評価する能力、および課題や機会の出現時に指摘、提案する能力。特定行動は、下記の5種。**
   - 個人業績評価
   - 操業管理
   - 財務管理
   - 専門職としての要求水準
   - リスク管理

6. **能力：戦略を実施するため、および競争優位性を築くための、会社組織としてのスキルや才能の存在。特定行動は、下記の4種。**
   - 才能ある人物の採用
   - 才能ある人物のスキル開発
   - プロセスに基づく能力
   - 専門能力は外部委託

7. **動機づけ：社員に対し、結果を達成するため通常以上の努力を投入させる熱気の存在。特定行動は、下記の5種。**
   - 意味のある価値観
   - インスピレーショナル・リーダー
   - キャリア機会の提供
   - 金銭的インセンティブ
   - 報酬と報償

8. **対外部志向：価値を発揮するための、顧客、サプライヤー、パートナー、および他の社外ステークホルダーとの関係の質。特定行動は、下記の4種。**
   - 顧客に焦点を当てる
   - 競合に対する洞察
   - 事業パートナー
   - 政府およびコミュニティー関係

9. **イノベーションと学習：新しいアイデアの流れ、適応させる能力、および必要に応じて組織を形成することの質。特定行動は、下記の4種。**
   - トップダウン・イノベーション
   - ボトムアップ・イノベーション
   - 知識の共有
   - 社外のアイデアの活用

各項目のスコアは、OHIスコアを計算するため、合計される。OHIスコアは、株主収益率の予測をする場合、強力な要素である。

出典：A. De Smet, B. Schaninger, and M. Smith, "The Hidden Value of Organizational Health — And How to Capture It," *McKinsey Quarterly* (2014).

表 2-2 マッキンゼーの組織の健康度指数の判定法（参考資料）

マッキンゼーの組織健康度指数（OHI）は、組織の健康度測定結果とそれを支援する管理項目という2つの次元から、組織の健康度合いを判定する。健康度の結果は、どのように社員が、組織の健康を「経験するのか」（「～の結果」、あるいは「～にかかわらず」）を測定する。管理項目は、目標を達成するために組織が、特定の行動を実施する頻度を測定する。
人にたとえれば、健康度の結果は患者の健康測定値（例：血圧数値）であり、特定行動は患者の振る舞い（例：食事制限、運動）を表している。

観察可能な健康度は9項目あり、OHIとして測定される特定行動は37項目存在する。

---

1. **方向：会社がどこを目指しているのか、どのようにして達成するのか、が社員に意味のある形で、どの程度明確に伝わっているのか。3つの特定行動により、方向の健康度は決定される。**
   - 共有されているビジョン
   - 戦略の明確化
   - 社員の参加

2. **リーダーシップ：リーダーがインスピレーションを通じて、他の人たちを行動に導く度合い。特定行動は、下記の4種。**
   - 権威的リーダーシップ
   - コンサルテーション型リーダーシップ
   - 支援型リーダーシップ
   - 挑発的リーダーシップ

3. **企業文化と風土：共有されている信条、および組織内、組織ユニット間の交流の質。特定行動は、下記の4種。**
   - オープンで信頼する
   - 社内の競争を奨励する
   - 運用、操業面でよく訓練されている
   - 創造的、起業家的

4. **説明責任：社員個人が、自らに期待されていること、意思決定権限が与えられていること、結果の実施責任が負わされていること、を理解している程度。特定行動は、下記の4種。**
   - 役割が明確
   - 業績が契約的
   - 結果管理
   - 個人の業績

リーダーシップの階段をどう上るか

私たちが興味を持ったのは、組織の健康度に応じて異なる、頻繁に見受けられるリーダーの行動が何かということであった。分析の結果は、私たちが「リーダーシップの階段」と名付けた図のようになった[*3]（図2-1参照）。

リーダーシップの階段では、ある種の行動は、どのような場合であっても必須のものである。それを「基本リーダーシップ行動」と呼ぶことにした。そうした行動は、グループの協力を促進し、人々への心遣いを表明し、望まれる変化への思いを伝え、非常に重要な大局観を示す場合に有効である。これらの行動を支えることは、組織がトラブルに陥ることを防ぐのに役立つが、それだけでは中程度とトップの組織の差を生み出さない。リーダーには、自分たちの組織がリーダーシップの階段を上れるようにする、付加的な行動をとる能力が必要なのだ。このような行動を、「状況に応じたリーダーシップ行動」と私たちは名付けた。

私たちの調査によれば、組織の健康度を第4区分から第3区分に移行させるのに最も効果的な状況に応じたリーダーシップ行動は、多くの場合、指示を与える「トップダウン」のリーダーシップ・スタイルである。すなわち、事実に基づいた意思決定を行い、

図 2-1　リーダーシップの階段

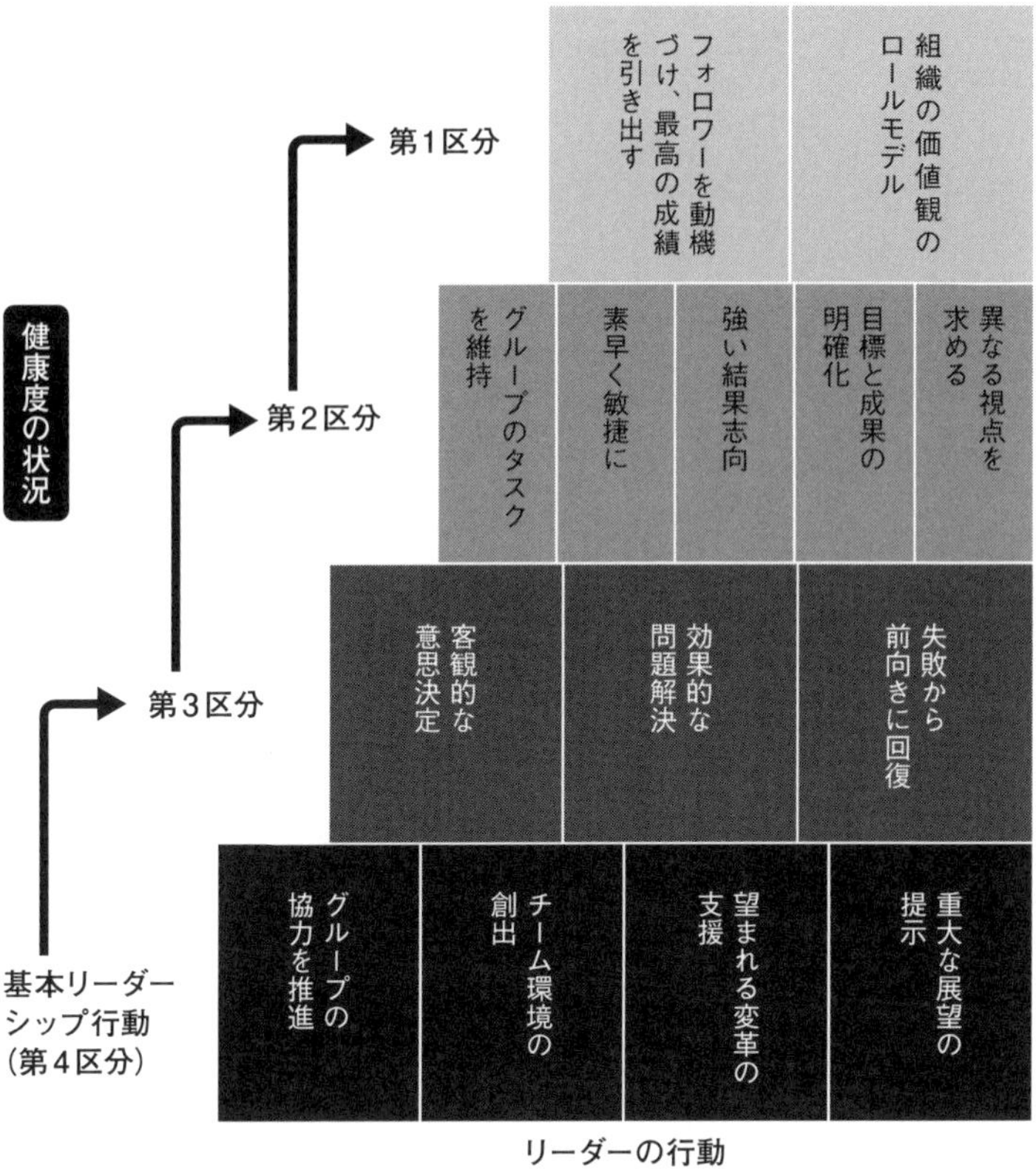

出典：M. Bazigos, C. Gagnon, and B. Schaninger, "Leadership in Context," *McKinsey Quarterly* (2016).

効果的な問題解決を行い、健康度回復に積極的に焦点を合わせるのである。こうした行動が最も必要とされるのは、組織がひどい苦境にあるときだと思われる。

組織の健康度をさらに引き上げて第2区分に移行させるには、リーダーは「実行志向の態度」と呼ばれることの多い行動に、焦点を当てなければならないと思われる。すなわち、複数のグループに課題を与え続け、素早く敏捷に対応させ、結果を重視し、目的と結果を明確にし、異なる視点を探し求めさせるのである。こうした実行志向の態度は、第3区分で見られるトップダウン行動の代わりとなるものではない。トップダウン行動に重ねていくのである。リーダーシップの階段の意味合いは、すべてのステップはその前のステップに重ねて実施されるということである。

さらにリーダーシップの階段を上り、イノベーションを果たし、競合よりも高い業績を上げ、社員のやる気を引き出し、能力の高い人材を採用し、投資家の期待を大きく超える業績を達成する、第1区分の組織を築こうとするには、「インスピレーションを与える」と形容されることの多い新たな行動を付け加えることがリーダーには要求される。すなわち、人々に動機づけを与え、人々から最高のパフォーマンスを引き出し、組織としての価値観を形成させるのである。

インスピレーショナル・リーダーシップとは何か

本書では、トップダウン・アプローチと洗練された実行能力に加え、それらの段階を超えるリーダーシップ行動に焦点を当てることを意図している。つまり、例外的に優れた組織を築くうえで、必要とされるリーダーシップの要素に焦点を当てるのである。すなわち、インスピレーションを与えるリーダーシップに焦点を当てるのだ。

インスピレーショナル・リーダーシップについて書かれたものは多く、したがってその定義もさまざまである。本書ではインスピレーショナル・リーダーシップを、「リーダーがフォロワーたちに、行動と変革に対するコミットメントを与え、彼らが行動をとれるようにする『内なる動機づけ』を生み出すことを目的とする、一連のリーダーシップ行動」を言うものと定義する。

私たちの定義では、インスピレーショナル・リーダーシップには、以下の4つの要素が含まれる。

1．インスピレーショナル・リーダーシップは、複数の行動から構成される。そのため、インスピレーショナル・リーダーシップは、状態（ポジティブであり、ビジョナリーである）を説明するものであり、人によっては暗黙の前提として、インスピレーショナル・リーダーシップは生来の特徴であると考える。しかし、人がリーダーシップを発揮するのは、行動と態度においてである。[*4] インスピレーショナル・リーダーシップを複数の行動から構成されるものと定義することにより、私たちはインスピレーショナル・リーダーシップを学ぶことのできるスキルに変えたのである。つまり、意識的で意図的な行動と練習を継続することにより、誰でもが学び、身につけることのできるスキルなのである。

2. インスピレーショナル・リーダーシップには、他の人たちの本当の「内なる動機づけ」、価値観、感情が含まれている。インスピレーショナル・リーダーシップをトレーニングする場合、リーダーは組織の人たちが重要だと考える価値観に訴えたり、感情に訴えたり、その両方を同時に刺激する。他の人たちの価値観を刺激する例としては、弁護士が陪審員の正義感に訴え、自分の意見に寄った決定をしてもらおうとすることがあり、ヘルスケア事業のリーダーが、人の生命の尊さという価値観に訴え、組織が行動をとるよう説得することなどが挙げられるだろう。感情の高まりの例としては、スポーツのコーチが自身のチーム・メンバーを鼓舞し、敵対するチームに怒りを向けさせる場面で見ることができるし、政界のリーダーが選挙で勝つために、投票者の感じる焦燥感や不安感に訴える演説をする場面で見ることができる。

3．インスピレーショナル・リーダーシップは、目標志向である。インスピレーショナル・リーダーシップは、自分のフォロワーたちに力を与えるだけでなく、彼らのコミットメントを一連の行動に結び付ける決意を固めさせなければならない。

4．インスピレーショナル・リーダーシップには、目標の設定、権限移譲、説明責任の付与、あるいはフィードバックを与えるなどの、人々に力を与える行為も含まれている。インスピレーションを与えることにより、人々にエネルギーを与え、方向を指し示したとしても、示された方向に向けて行動をとる自由を彼らに与えなければ、無価値である。

インスピレーショナル・リーダーシップに関する本書の定義は、他の一般に使われている定義とは異なっている。たとえば、経済誌「フォーブス」では、リーダーが楽観的で、自らロールモデルとして行動し、熱意を発揮し、あるいはみんなの参加を求める場合、と定義されている。[*5] こうした要素のすべてには、インスピレーションの要素が一部は含まれているものの、どれも私たちの言うインスピレーショナル・リーダーシップとは完全には一致しない。

◆楽観的であるというのは、行動ではない。だが、他の人たちに未来について前向きの、自分も加われる姿を示すことは行動だ。しかしながら、これは、リーダーが人々の価値観と感情に対して語りかける場合に限り、インスピレーショナル・リーダーシップの一形態である。たとえば、リーダーは自社組織の未来を疑いもなく業界随一の企業として描くかもしれないが、世の中の人たちの生活を変えることが会社の最大の使命であることを入社した人たちに告げなければ、社員にインスピレーションを与えることはできないのである。

さらに、インスピレーショナル・リーダーシップは、必ずしもポジティブである必要はない。「ネガティブな」感情を引き起こすことも（ネガティブおよびポジティブな感情については、本書の後半で議論する）、インスピレーショナル・リーダーシップの形態の1つなのだ。たとえば、リーダーは組織のエネルギーを変革に結集するために、競合に対する怒りをかき立てたり、経営破たんの恐怖を語ったりすることがある。

◆ロールモデルであることもまた、行動ではない。良い価値観のロールモデルとなることはインスピレーショナル・リーダーシップの一形態ではあるが、それはリーダーが、組織の構成員にとり大事だと考える価値観を体現する場合に限定される。なぜなら、リーダーが体現する価値観（彼または彼女の価値観）が組織の構成員の大半が考えている価値観と切り離されていたなら、ロールモデルとなることが効果を発揮しないこともあるからだ。たとえば、リーダーは企業の財務成果の達成を目指し、ロールモデルとして努力を傾けるかもしれないが、社員が顧客サービス、チーム内の接触の質、あるいは協力関係を財務成果よりも重要だと考えるなら、リーダーの努力は社員にインスピレーションを与えることはできず、失敗に終わるだろう。

◆社員に力を持たせるエンパワーは、社員の参加を求めることではない。本書の後半で検証するが、エンパワーは、単にコンサルテーションなのである。エンパワーに必要なのは、責任を持たせて権限移譲し、人々に自分たちの業績と成果に関して、真の説明責任を持たせることなのである。

インスピレーションを与えることは、社会的影響力を与える数多くの形態の1つである。ここでインスピレーショナル・リーダーシップについて考察を深める前に、社会的影響力の科学を理解し、インスピレーションを与える企業が他の形態の数々をどのように使っているのかを考えてみよう。

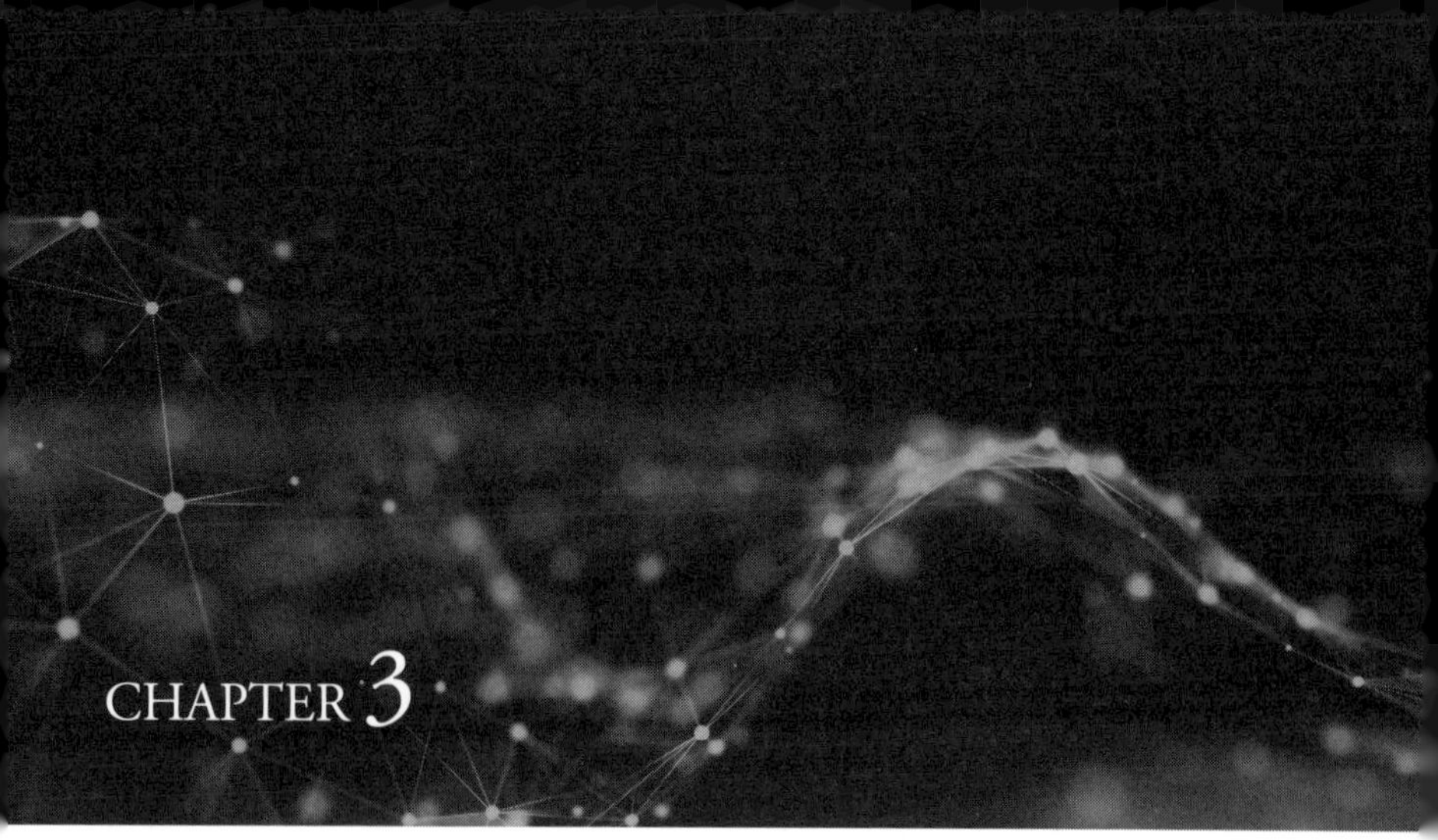

CHAPTER 3

最新研究で学ぶ
影響力の科学

リーダーシップは、すなわち影響力である。

――ジョン・C・マックスウェル（『統率者の哲学 リーダーシップ21の法則』著者）

9つの影響力行使アプローチ

影響力がリーダーシップの必須構成要素であることは、長く認められてきた。一般に用いられているリーダーシップの定義では、「1人の人が共通の仕事の遂行のために、他の人たちの援助とサポートを得ることができるような影響のプロセス」と記述されている。[*1] 影響力は、リーダーが各自のリーダーシップを規定する、基本的で社会的なメカニズムである。[*2]

既に十分な数の書物や論文が、影響力の科学について述べている。注目すべきものとしては、アリゾナ州立大学の心理学教授、ロバート・チャルディーニ[*3]の開発した、返報性、コミットメントと一貫性、社会的承認、権威、好悪の感情、それに希少性といった原理に基づく影響力理論や、オルバニーにあるニューヨーク州立大学の心理学教授、ゲアリー・ユークルの影響力理論であり、それらにリーダーたちは注目しがちだ。

図 3-1　9つの影響力行使アプローチ

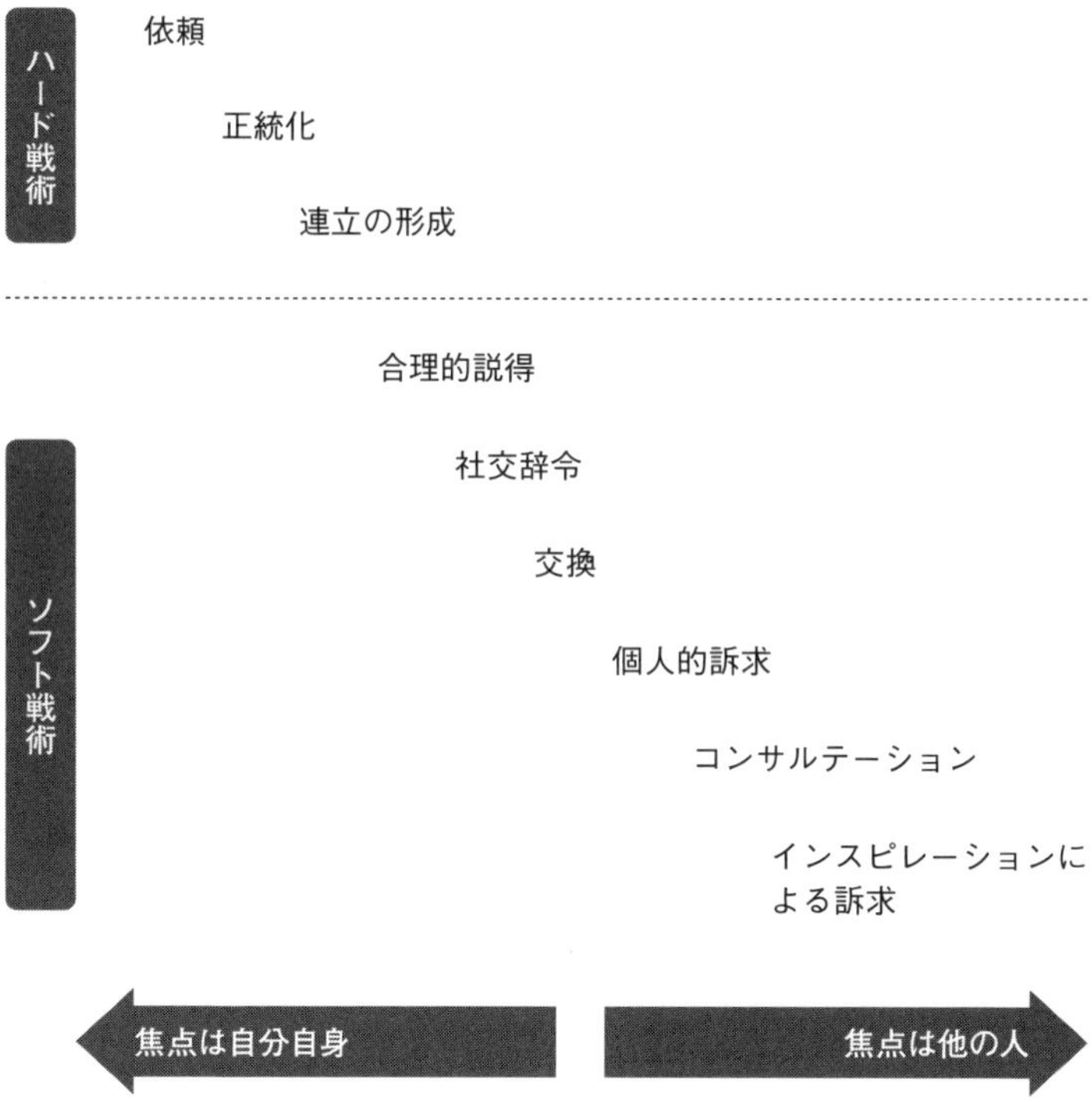

1980年代初頭、キプニス、シュミット、ウィルキンソンの3名の学者が、影響を与える行動に関して主流となる研究を開始した。[*4] 3人の研究は、重大事件の報告書を集めて影響力行使のプロセスを探るという、経験的アプローチを採用した先端を行くものであり、組織の中で働く人たちが、組織の他の人たちをいかに説得し「自分たちの意見を通した」のかを調べるというものであった。集まった報告書から、彼らは「組織内影響力行使戦略プロフィール」(POIS)[*5]という分析の枠組みを開発し、組織内の人々が特定の影響力行使戦術を選ぶ頻度の違いを調べた。この初期の分析ツールは過去30年間使われ、改善された結果、仕事の場で実際に影響力を行使する手段として何が使われているのかを理解するための、確固たる基礎を提供してくれた。[*6]

この一連の研究活動の結果、影響力行使には9つのアプローチがあり、インスピレーショナル・アプローチのほかに8つを見つけることができた。そのうち3つはハード戦術であり、6つはソフト戦術である。9つのアプローチを**図3-1**に示した。

左上のハード戦術は、単純明快である。リーダーは、自らの観点に基づいてシンプルに実施すればよい。右側下にあるソフト戦術は、もっと複雑で影響力を行使する能力を必要とし、フォロワー側の視点、特徴、内なる動機づけといった要素に基づく必要がある。こうしたアプローチを順に紹介しよう。

ハード戦術の影響力行使アプローチ

ハードな影響力行使のアプローチには、依頼、正統化、および連立の形成の3種類が含まれる。

依頼

依頼は、おそらく最も簡単な影響力行使アプローチである。依頼とは、他の人たちに行動をとるよう、リーダーがただ命令する場合を指している。依頼には、あなたが部下にやってもらいたいことを、自分の地位を使い、自信を持って明確に話すことにより、それを実行する誓約を勝ち得るという意味がある。依頼には、頻繁な進捗状況のチェックと、人々が行動をとるよう執拗に促す行動が含まれる。依頼は、「命令とコントロール」型のリーダーシップ像の中核を成すものだ。

依頼は、企業のリーダーが業績改善プログラムで部下のチームに直接命令を下す場合に用いられ、チームリーダーは次に、チームメンバーに何かを実施するように頼み、軍曹は自分が率いる分隊の兵士に敵陣への攻撃を命じる。

依頼は、学術論文では「圧力戦術」と表現されることが多く、権威に根差したものである。その意味は、たとえ指示された行動には反対だとしても、権威ある人物の指示に従う傾向がある、ということだ。[*7] 1960年代、エール大学心理学教授のスタンリー・ミルグラムが行った有名なミルグラム実験は、そのことを示している。この実験で、人は自分自身の良心に反することであっても、権威ある人の指示には喜んで従ってしまうことが証明された。[*8]

依頼すなわち命令とコントロール型のリーダーシップ像には、ネガティブなイメージがつきまとっている。事実、人はこの手法を使われると、威嚇されているように考えることが多い。しかしながら、依頼そのものはネガティブなアプローチではない。ただ単に、交渉の余地がないことを明確にし、同時に罰やその他の結果を想像させることなく威嚇しないやり方で、要求を明確に伝える最も簡単な手法なのである。

依頼においてリーダーが使う表現としては、左記の例がある。

◆「きみには、『……』とジャックに伝えてもらいたい」
◆「申し訳ないが、フランクに電話して『……』と話してもらえないか」
◆「きみには、彼に情報を伝えておくよう頼んでおいたね。彼と話す機会は、あったかな?」

正統化

正統化は、依頼よりも少し複雑である。それというのも、リーダーが命令とコントロール型アプローチに、正統化のための合理的説明を加えるからである。正統化では、依頼に関してそれが正統、合法であること、あるいは自分にはそれを依頼する権限があることを、確立しようとする。

正統化の意味は、権限または地位の肩書を用いて影響力を行使することであり、たとえば、リーダーが会社の方針、手順、企業文化に照らして、自分の望むことが一致していることを示す場合がそれに当たる。

リーダーが正統化アプローチを用いる場合に使う典型的な表現としては、以下のものがある。

◆「会社の規則に従えば、出張で航空機を利用する場合……」
◆「社長から、……の実情について調べるように言われたんだ」
◆「きみも知っているように、……に関する標準的対応は、……」

連立の形成

連立の形成は、正統化と似ている。しかし、連立の形成の場合、立脚するのは権威や権限ではない。リーダーがこのアプローチを使うのは、部下の人たちに何かをしてもらおうとするときに、他の人たちの力を借りたい、あるいは彼らの支持を得たい場合である。[*9] 連立の形成が使われるのは、他の人たちの力を借りて影響力を行使したり、自分たちだけでは目標に届きそうにない場合であることが多い。

連立の形成には、リーダーのパワーベースを拡大する支援者のネットワークの形成、コンセンサスの確立、グループとしてのポジションの定義、あるいは「我々対彼ら」という状況の創造といったことが含まれる。依頼をする際に自分たちの支持者の名前を挙げるリーダーも、このアプローチを使っている。

連立形成アプローチを使うリーダーの典型的な表現としては、以下がある。

◆「ジャックと私は、2人とも……と考えている」
◆「ファイナンスチームの誰もが言うのは、……」
◆「チームとして私たちが決めたのは、……」
◆「全員の考えでは、……は良いアイデアだ」

ソフト戦術の影響力行使アプローチ

他の人たちに影響力を行使するうえで、6つのソフト戦術がある。合理的説得、社交辞令、交換、個人的訴求、コンサルテーション、それにインスピレーションによる訴求の6つである。この6つのアプローチは、成果の達成に必要な行動をとらせるうえで、エネルギーの源泉になる順、影響を受ける人たちに焦点を当てる度合いが低いものから高くなる順で記載されている。では、影響を受ける人たちに焦点を当てる度合いの低いものから順に説明しよう。

合理的説得

合理的説得は、単純なアプローチである。これは、圧力による依頼と、依頼を支持する論理的な議論を組み合わせたものだ。

合理的説得を使えば、リーダーは論理的な議論と事実に基づく証拠を示すことにより、依頼の達成には十分な可能性があり、重要な目標の達成にかかわることができる、という議論を組み立てられる。[*10] 合理的説得手法では、論理構成、論理的根拠、あるいはポジションを説明または正統化する証拠を使い、リーダーの視点が最もロジカルな代替案であることを示す。

合理的説得では証拠を挙げて弁論をするため、リーダーは知識を持ち、事実を分析的に伝えるエキスパートであるべく、チャート、グラフ、データ、統計、写真やその他の証拠を見せながらプレゼンテーションを行う。

合理的説得アプローチを使う場合、リーダーは、典型的に次のような表現を用いる。

◆「当社の変革は、成長、経費削減、そして競合に打ち勝つために必要なのです」
◆「入手可能なデータに基づけば、最もロジカルなアプローチは、……」
◆「みなさんの行動が必要だ。事実から導かれる3つの理由により、前に進むべきなのです」

合理的説得に使われるロジックは、リーダーのロジックである。側面支援をする議論をリーダーが加えるかもしれないが、それでも合理的説得は、ハード戦術と同じようにリーダーの視点からトップダウンで明確にされる影響力行使のアプローチであり、下からの視点を反映したものではない。

社交辞令

社交辞令アプローチに至って、リーダーは初めて、自分がリードしようとする人たちに関心を持ち始める。

社交辞令アプローチは、他の人たちに何かをしてもらう、または提案を支持してもらう努力をする前、もしくはしている途中で、賞賛やお世辞として使われる。[*11] 社交辞令の意味するものは、依頼することの基礎を確立する、依頼するために温かく丁寧なマナーで接する、親しみを込めて接する、個人的な情報を開示する、あるいは親しい関係を築く、などである。

このアプローチには、共通点を見つけることにより親密な関係を構築する、同じ行動をとる、会話のペースを揃えるなどが含まれる。社交辞令は「好意の原則」に基づいている。これは、自分の好きな人に説得されるほうが、容易に説得が進む、という原則である。[*12]

社交辞令アプローチを使うリーダーの典型的な発言は、以下のとおり。

◆「あなたの達成されたことに、大きな感銘を受けました。それは、実に多くのコミットメントと献身を示しています。そこであなたに……をしていただければ、と考えております」

◆「この問題について、私の考えは、あなたのお考えとまさに同じです」

◆「私にも子供が2人おります。……」

学術論文では、社交辞令アプローチを「迎合行為」と呼ぶこともある。

交換

交換は、他のアプローチよりも他の人たちに焦点を当てたものだが、それは影響される人たちにとって何に価値があり重要なのかを、リーダーが理解していることを前提としているからである。

交換により、リーダーが欲するものを得る代わりに、リードされる人たちに何らかの価値を与える。交換は、人は何かをしてもらえばお返しをする傾向を示す、という互恵制の概念に基づいている。[*13] つまり、リーダーは、他の人たちの望むものの提供を申し出るか、もし他の人たちが依頼されたことをすれば、後日に望むものを提供するのである。[*14]

交換の形態としては、協定を結ぶ、交渉する、物々交換、お返しに何かを受領する明示的あるいは暗黙の期待に対し何かを提供する、互恵措置、好意や便益を相互に与える、ウィン・ウィンの状況やギブ・アンド・テイクの状況を作り出す、譲歩する、あるいは相互にすること、などがある。

交換する場合のリーダーの典型的な表現としては、以下がある。

◆「この従業員アンケートに参加していただければ、みなさんにアンケートの総合報告書を送りましょう」

◆「もしこの決定に合意していただければ、みなさんの要求を支持しましょう」

個人的訴求

個人的訴求アプローチは、他の人たちにさらに焦点を当てているが、それはリーダーと影響を与えられる人たちとの間に特別な人間関係や信頼があれば、説得が容易だと考えるからである。

個人的訴求を使うリーダーは、他の人たちとの友情に基づいて依頼事項を実行するよう頼み、あるいは提案を支持するよう依頼する。あるいは、依頼事項が何かを告げないまま、個人的に頼み事をする。[*15] 個人的訴求とは、友情、忠誠心、信頼、あるいは過去の人間関係に基づいて依頼するという意味である。個人的訴求アプローチをとるリーダーは、部下に「きみたちの支援を頼りにしているよ」と話す場合もある。
個人的訴求を使うリーダーの典型的な話の例としては、以下のものが挙げられる。

◆「きみとの付き合いは、この会社でずいぶん長いね。きみに手伝ってほしいことがあるんだが……」
◆「実は、折り入って頼みたいことがあるんだ……」
◆「きみたちを当てにしたいことがあるんだ……」

コンサルテーション

コンサルテーションは、交換よりもさらに他の人たちに焦点を当てたアプローチだ。リーダーは、他の人たちを部屋に招き入れ、解決策や一連の行動を考えることに参加させるからである。コンサルテーションでは、リーダーは他の人たちに解決策の提案、あるいは行動計画や変革計画の策定に力を貸すことを依頼し、リーダーの助力が望まれるか必要であれば支援を約束する。*16

参加型リーダーシップは、コンサルテーションの一形態である。コンサルテーションの意味するところは、リーダーにとって許容できる解決策に到達するために、他の人たちの助力を仰ぎ、他の人たちの専門知識を求め、インプットを求め、フィードバックを期待し、他の人たちの参加を求めることである。あるいは、他の人たちがこのプロセスに関与することを求め、他の人たちのアイデアを反映し、また彼らに所有の感覚を持たせるよう、彼らの提案をもとに行動をとることである。

コンサルテーションをとる場合、リーダーが一般に用いる表現としては以下のものがある。

◆「私の提案はXYZをすることなんだが、きみたちはどう思う？」
◆「きみたちの考えでは、何が利点で、何が欠点だと思いますか？」
◆「この業界をよく知っているきみたちは、この合併を最善の策だと思いますか？」
◆「この分野のエキスパートとして、きみは……？」

インスピレーションによる訴求

最後に説明するのが、「インスピレーションを与えるリーダーシップ」の中核を成す構成要素、インスピレーションによる訴求である。このアプローチは、他の人たちの世界観を理解するという意味で、はるかに個人的なものである。なぜなら、他の人たちの価値観や感情という思考活動の最も深いところに位置するものに焦点を当てているからである。

リーダーがこのアプローチを活用するには、人々の価値観と理想像に訴えかける。すなわち、リーダーの依頼や提案へのコミットメントを得るために、人々の感情に訴求しなくてはならない。[*17]

インスピレーションによる訴求を行うリーダーの表現としては、以下のものが挙げられる。

◆「きみたちは子供の成長と教育に関心があるのだから、初等教育プロジェクトに取り組んでもらいたい」

◆「この交渉の担当者はきみしかいない。なぜなら、きみはビジネスライクに対応しようとしているし、環境問題に敏感だから」

インスピレーションによる訴求のプロセスについては、第7章で詳細を説明しよう。

影響力行使の各種アプローチの利用頻度

９つの影響力行使アプローチの中で、どのアプローチがいちばん使われているのだろうか。

いくつかの研究によると、合理的説得が最も頻繁に用いられていると考えられる。たとえば、１９９０年代初頭、ユークルとファルベの２人の心理学者が、大きな州立大学の夜間ＭＢＡコースに参加する95名の学生たちから、影響力行使に関する５０４の事例を集めた。学生たちは昼間は働いており、民間の大企業、中小企業および公的機関など、さまざまなところに勤めていた。その半分近くは管理職であり、残りの大半は管理職以外の専門職であった。いずれのケースも、影響を受ける側の視点で報告されており、影響力を行使したのは、学生の部下、同僚、ボスであった。[*18]

この研究によれば、合理的説得が約半分以上のケースで用いられ、単純な依頼それに個人的訴求が次いで頻繁に使われていた（それぞれ12％の頻度）。一方、インスピレーションによる訴求のアプローチとコンサルテーションが使われた頻度は最も少なく、それぞれ２％にすぎなかった（**図3-2**参照）。

だが、最も効果的なのはどのアプローチだろう？

図3-2　影響力行使アプローチの利用頻度

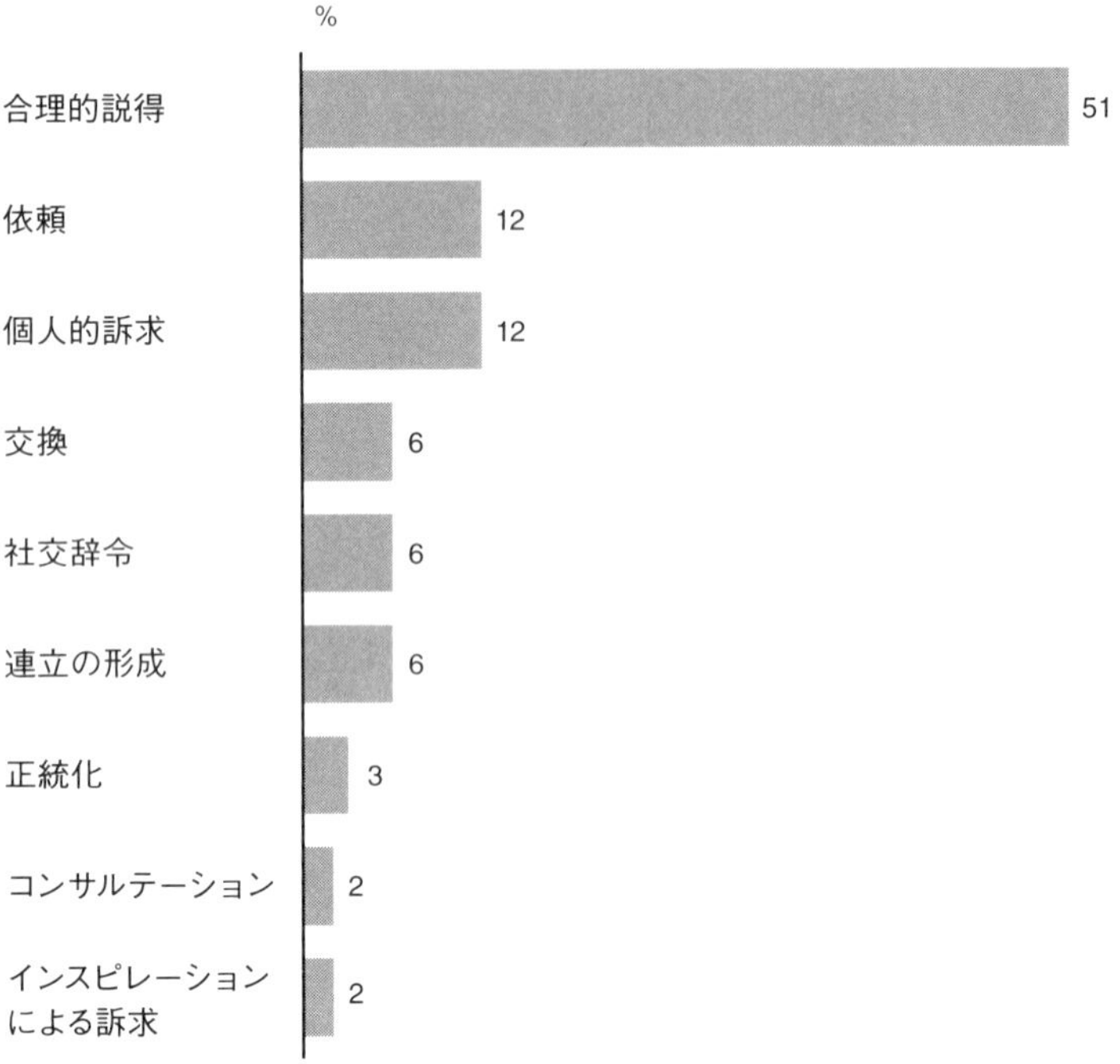

出典：C. M. Falbe and G. Yukl, "Consequences for Managers of Using Single Infl uence Tactics and Combinations of Tactics," *Academy of Management Journal* 35, no. 3 (1992): 638-652.

どのアプローチがどんな場合に効果的か

影響力行使アプローチの効果は、影響力を受けた人間が、コミットメントを持つに至ったのか（コミットメント）、一応は実行するものの強い熱意を持たないのか（コンプライアンス）、それとも抵抗したのか（レジスタンス）により、区別することができる。[*19]

◆コミットメントは、影響力行使の相手となった人物が、ある行動あるいは意思決定に内心で合意している状態である。この人物は提案に熱意を持っており、提案された行動を実施する可能性が高く、異常なほどの努力を傾け、しつこさを持って依頼された行動を成功裡に実施するし、抵抗や挫折に直面しても達成する可能性が高い。

◆コンプライアンスは、相手となった人物が依頼された行動をとるものの、関心はなく冷淡である。この人物は、最低限あるいは平均的な努力しか投入せず、自ら率先して行動することはないし、抵抗や挫折にぶつかるとすぐにあきらめてしまう。

◆レジスタンスすなわち抵抗は、相手となった人物が依頼された行動に反対し、拒否する、反論する、遅らせる、あるいは依頼がなかったものにするなどの行為により、実行を避けようとする場合である。

図3-3に、ファルベとユークルが行った研究の結果をまとめた。[20] 本研究の結果、インスピレーションによる訴求が人々を行動に導くコミットメントの点で、最も効果的であることが示された。

もうひとつ、ゼンガー、フォークマン、エディンガーという3名のリーダーシップ研究者による、20万人の回答者を対象とした4年にわたる研究がある。[21] この3名の研究者の発見は、リーダーが真のインスピレーションを与えるやり方で行動をとった場合、社員のコミットメントは高く、満足度も高く、しかもインスピレーションを与える度合いの低いリーダーの下にいる場合よりも高い生産性を発揮した、という事実であった。具体的には、インスピレーショナル・リーダー（「インスピレーションを与え、やる気を起こさせる能力」で上位3分の1に入るリーダーと定義される）がインスピレーショナルでないリーダー（「やる気を起こさせる能力」で下位3分の1に入るリーダー）の2・28倍の、強いコミットメントの部下を持っていたことがわかった。さらに、インスピレーショナル・リーダーは、下位3分の1のリーダーに比べ、満足度の高い部下が83％も多く、部下の生産性の点でも49％も高かった（図3-4参照）。

図 3-3　影響力行使アプローチの結果

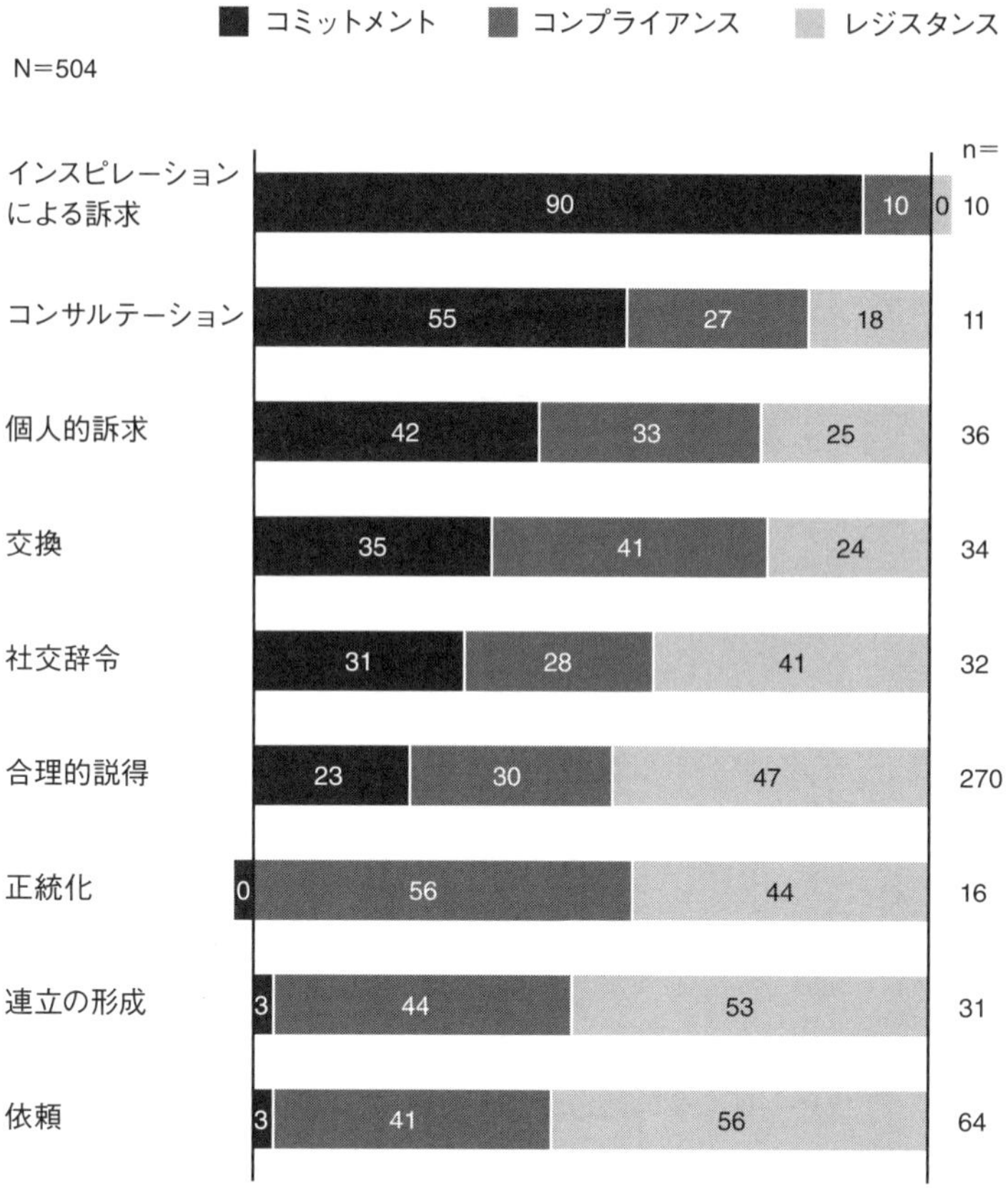

出典：C. M. Falbe and G. Yukl, "Consequences for Managers of Using Single Infl uence Tactics and Combinations of Tactics," *Academy of Management Journal* 35, no. 3 (1992): 638–652.

図 3-4　インスピレーショナル・リーダーは、コミットメントが高く、満足度も高く、生産性の高い部下を持っている

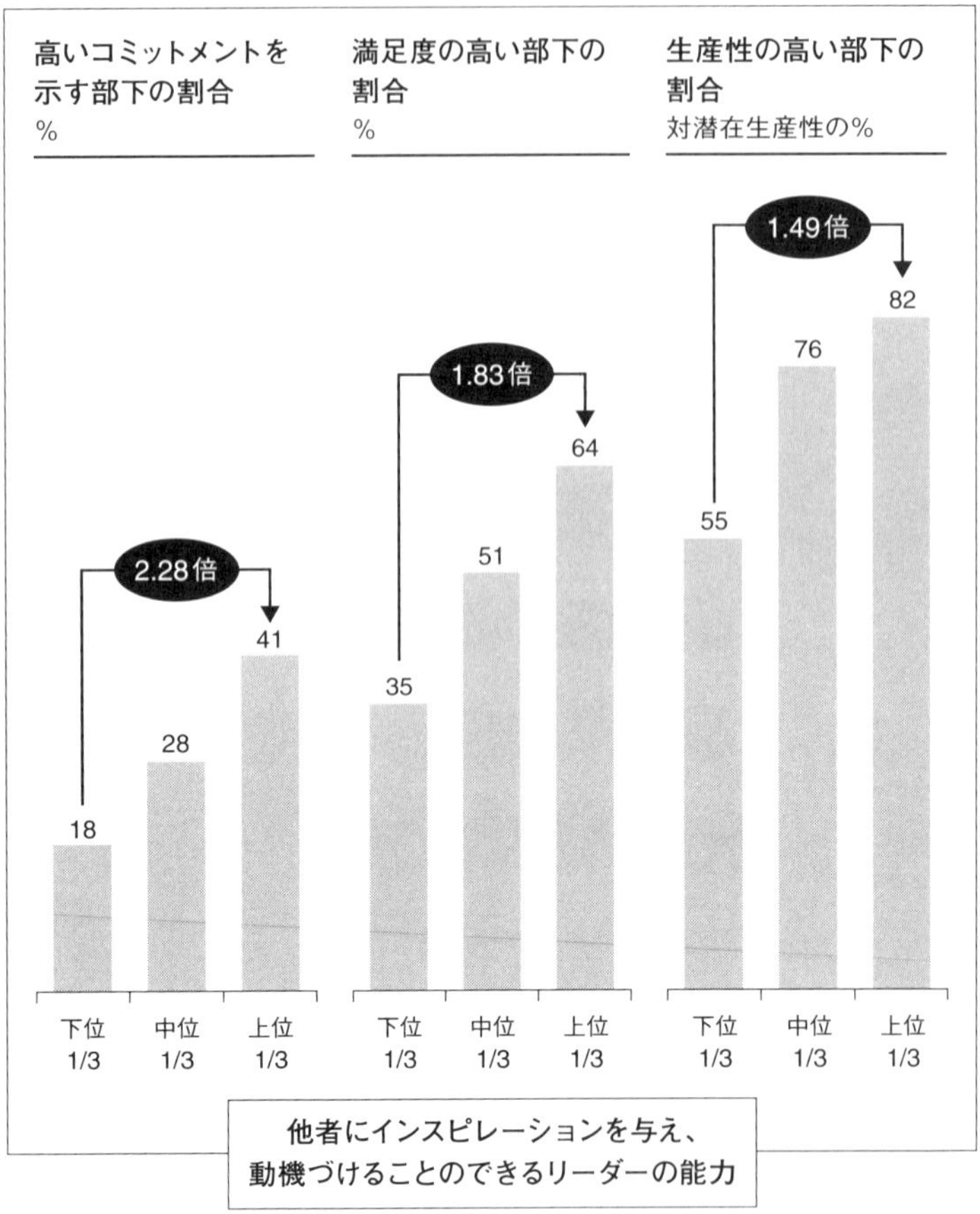

出典：J. H. Zenger, J. R. Folkman, and S. K. Edinger, *The Inspiring Leader* (New York: McGraw-Hill, 2009).

ハード・アプローチは高水準のコンプライアンスを生み出す

こうした研究からわかることは、ハード・リーダーシップ・アプローチ、すなわち依頼（命令とコントロール）、連立形成、または正統化といったアプローチは、行動や変化へのコミットメントを生まず、生まれたとしてもごくわずかでしかない。しかしながら、そうしたアプローチは、高水準のコンプライアンスを生み出す。つまり、他の人たちは依頼された行動をとる。ほとんど熱意は持たないが、それでも実施はするのである。

事実や数字の裏付けが必要であったり、他の人たちを理解することが必要となったりするソフト影響力アプローチ（合理的説得）とは異なり、ハード・アプローチは容易である。直接的で短い作業をやるような、簡単なルーティン実施の依頼であったり、リーダーの目的が依頼によって実施するだけで達成される場合には、コストとかかる時間の点でハード・アプローチが効果的であり、しかも効率的である。

このように、正しいリーダーシップ・アプローチ、すなわち影響力行使アプローチの正しい選択は、状況によって異なる。[*22] いくつかの状況では、ハードな影響力行使アプローチのほうが、ソフト戦術よりも効果的、効率的でありうる。たとえば、次のような状況においてだ。

◆**静態的状況**　変化が限られており、必要な作業がルーティンあるいは標準的な手順で済む状況である。ハード・アプローチ、特に正統化が、おそらく最も効率的なアプローチになる。

◆**単純明快な作業**　単純な作業であいまいな部分がほとんどない場合には、直接的な依頼が効果的、効率的なアプローチであろう。

◆**緊急事態**　時間的プレッシャーがあり、急いで行動を起こさなくてはならない場合には、依頼と正統化アプローチのほうが、展開するまでに時間のかかりがちなソフト・アプローチよりも優れている。

◆**リーダーが関連する知識を持っている場合**　豊富な知識あるいは過去の経験から、何をすべきかをリーダーが明確に知っている場合には、依頼アプローチが最も効果を発揮する。たとえば、リーダーが企業の業績回復プロジェクトを行っており、リーダーに深い業界知識と組織の知識があり、何をすべきかが明確にわかっている（しかも、過去に同様な業績回復プロジェクトを動かした経験がある）場合には、「命令とコントロール」アプローチの一種である依頼アプローチを選びたがるかもしれない。

ソフト・アプローチはコミットメント獲得に効果的

ハードな影響力行使アプローチと比べて、ソフト・アプローチはコミットメントを獲得するのに効果的である。だが、効率はよくない。ソフト・アプローチは、より多くの時間と努力を必要とするからだ。

合理的説得にはたくさんの事実と議論が必要なのだが、どちらもすぐに入手できる、あるいは手配できるとは限らない。社交辞令や個人的訴求には信頼が必要なのだが、信頼を獲得するには時間がかかるだろう。そして、交換、コンサルテーション、インスピレーションによる訴求においては、リーダーの影響力の対象となる人たちを理解することが必要だ。リーダーには、時間をかけて状況を考え尽くし、他の人の立場になって状況を見直すことが求められる。

もし、交換、コンサルテーション、インスピレーションによる訴求というアプローチを使おうと考えるなら、リーダーはいくつかの質問に答えなくてはならない。関係する人たちが直面する状況の文脈は何か？　関係者は何を達成したいと考えているのか？　関係者が貢献してくれるのは、自身の背景、知識、経験のうち何によってか？　関係者が大切に思っている価値観は何か？　彼らが現在感じているのは、どのような種類の感情か？

こうした質問に答えるには時間がかかり、スキルも必要である。

さらに、ソフト・アプローチによっては、大勢の人たちを対象にしたのでは実施しにくいものもある。好意を期待して頼み事をするのは、個人や小グループが対象なら可能だろうが、会社の全社員を対象にしたのでは無理だろう。社交辞令や交換についても、同じことが言える。コンサルテーションも時間がかかり、大規模では困難だ。コンサルテーションが効果を発揮するのは、リーダーが、正しい社員代表を選び、権限を託したエンパワーにより、一連の行動達成に社員代表が合意した場合のみに限られる。

しかしながら、ソフト・アプローチは、次のような場合には最も効果的である。

◆**ダイナミックな環境**　意思決定が一握りのリーダーではなく全組織により支持されている場合、ソフト・アプローチは広範なコミットメントを獲得し、組織全体にエネルギーを生み出すために、効力を発揮する。

◆**複雑さ**　ソフト・アプローチは、効果的に達成するのに特別な努力、イニシアチブ、そして粘り強さが必要な複雑な作業に、より適している。

◆**あいまいさ**　あいまいな状況下で、リーダー自身にも成功に向けてどのような行動が必要なのかがわかっていない場合、ソフト・アプローチであれば、意思決定に必要な情報や事実があるかもしれない現場を構成する組織の下層の人たちに、エンパワーにより意思決定の権限を渡すことができる。

＊＊＊

インスピレーショナル・リーダーシップは、インスピレーションによる訴求により構成されている。おそらく、リーダーシップ・タイプの中でも最も強力なリーダーシップであり、大勢の社員を動員することが可能で、あいまいさ、複雑さ、それに急速な変化といった表現の当てはまる企業であっても、繁栄を可能とするだろう。

だが、なぜインスピレーショナル・リーダーシップは、それほどまでに強力なのだろうか？

それは、私たちの脳の性質に由来している。

CHAPTER 4

脳科学が教える
インスピレーションの効能

医師による処方医薬の、患者の処方量遵守率の低さは、医学上の大問題である。高血圧と診断された患者の最大50％が、処方された薬を定期的に飲まず、著しい長期的リスクを抱えたままの状態で放置されている。さらに悪いことに、心臓バイパス手術をした人の90％が、自分が健康上のリスクを冒していることが十分わかっているにもかかわらず、不健康なライフスタイルを変えていない。[*1] こうした患者たちは、自分には運動して体重を減らすことが必要であり、そうしなければ心臓発作や別の心臓病を引き起こす可能性があることを十分承知している。しかしながら、問題は医薬処方箋を守らないことにとどまらない。私たちのほとんどは、体重を減らしたいと思っている。私たちは、やせて見え、健康的に見えることを望んでいる。私たちは、運動し、食事の習慣を変えたいと思っている。月曜日になると、新しいダイエットを始めようと毎週考えている。だが火曜日になると、台所にある甘いものの魅力に屈し、「来週から始めよう」と自らに宣言するのだ。

――クラウディオ・フェサー

人が変化するには何が変わることが必要なのか

なぜ人は、自分の行動が正しくないとわかっていながら、必要な変更を加えないのだろう。変更を加えることが、明確に疑いもなく自分にとって最善の決断であり、低コスト（たとえば錠剤を決めた量・頻度で摂取する、定期的に運動をするなど）であるにもかかわらず、である。

本章では、認知神経科学の助けを借りて、私たちの脳内に深く入り、脳神経の可塑性という概念を学び、個人が変化するには何が変わることが必要なのかを理解しよう。そして、私たちの探索は、人々と組織が変わるうえで、なぜインスピレーショナル・リーダーシップが、「神経生理学的に」効果的なのかを教えてくれる。

認知神経科学は、脳のニューロン・レベルでどのような知的活動をしているのかを理解することに焦点を当てた学問領域である。つまり、脳がどのように機能し、思考、感情、行動の下にどのような生物学的プロセスがあるのか、といった疑問に答えを出すのである。１９８０年代初頭に、ジョージ・ミラーが「認知神経科学」と実際の用語として名付けた。ミラーは、ジェローム・ブラナーとともに、ハーバード大学の認知研究センターの創設者であり、プリンストン大学の心理学部の教授も務めた。

機能的磁気共鳴イメージング（fMRI）、ポジトロン照射トモグラフィー（PET）、および単一フォトン照射計算トモグラフィー（SPECT）といった、過去10年に進歩した画像イメージング技術により、認知神経科学は脳の機能と私たちの思考、五感、行動がどう結び付いているのかに関して、膨大な発見を生み出した。

私たちの脳

それでは、人間の脳の紹介と、ニューロン（脳神経系の細胞）がどのように働くのか、そのまとめから始めよう。脳の機能とニューロン間の相互活動について理解すれば、インスピレーショナル・リーダーシップについて重要な洞察が得られるからだ。

脳は神経系の中枢である。身体の動きや反応をモニターし、管理する役割を果たし、私たちの思考や感情の中心でもある。脳は卵型の物体で、重さはおよそ1・5キロであり、軟らかいゼラチンのような感触だ。体重の2％の重さしかないが、脳は体の酸素消費量全体の20％を占め、エネルギー消費量（実際はグルコースとして）の25％を使っている。人間の脳は他の脊椎動物の脳と同じ構造だが、その大きさは体の大きさが同じ動

図 4-1　人間の脳

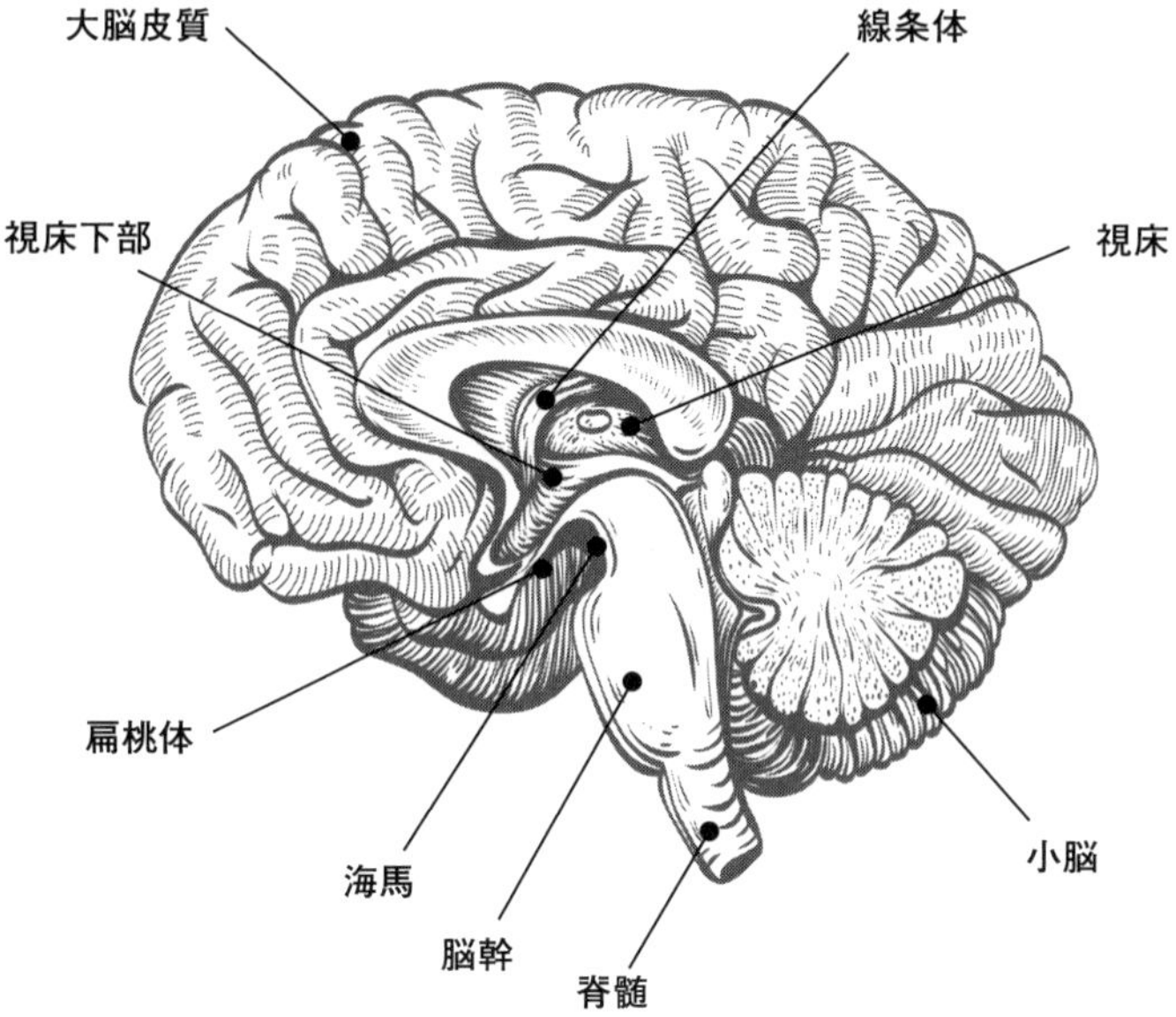

出典：C. Feser, *Serial Innovators: Firms That Change the World* (Hoboken, NJ: John Wiley & Sons, 2011).

物の3倍あり、この差の大半は人間の脳の大脳皮質（皮質については後述する）が大きいことに起因している。

人間の脳の断面図（**図4-1**参照）を見れば、脳が異なる形状の領域に分かれ分布していることがわかるだろう。[*2]

大まかに言えば、こうした異なるエリアは、それぞれ異なる機能を受け持っており、そのことは、科学者がイメージング技術を使いそれぞれの部位の活動を画像で見ること、あるいは各部位を実験あるいは事故で損傷した場合に確認できる。

19世紀に米国の鉄道労働者であったフィニアス・ゲイジの事例は、事故による脳の損傷の著名な例である。岩石の爆破作業中に、彼の使っていた石を突き固めるための鉄棒が飛ばされ、彼の左頬から頭頂部に突き抜けたのだ。それでもフィニアスは一命をとりとめ、事故直後は話すこともできたし、歩くこともできた。ところが、2カ月後に回復したとき、彼の身体は元の状態に戻ったが、彼の行動は劇的な変化を遂げていたのである。事故の前はバランスのとれた人格だったフィニアスは、攻撃的となり、我慢強さが失われ、移り気な性格になってしまった。彼の脳のどの部分が実際に影響を受けたのかは明らかではないが、彼の担当医が言ったように、「彼は、もはやゲイジではない」のであった。

領域ごとの機能

脳の領域ごとに、中央から細かく見ていこう。[*3]

脳幹は、脊髄とともに広範な感覚（視覚、聴覚、嗅覚、味覚、平衡感覚）機能をつかさどり、身体の基本的機能（たとえば、体温、血圧、心拍、呼吸および消化活動の調整）を調節する。脳幹はまた、咳をする、吐くといった重要な反射反応も管理している。脳幹の障害は通常、昏睡状態や死に至ることもある。

脳幹の隣にあるのが小脳であり、身体のバランスと姿勢の制御をつかさどり、滑らかで確実な運動が可能となるよう身体の動きを統御する。小脳に障害があると、動作がためらいがちになり、不器用になる（運動失調症）。

さらに背面方向（**図4-1**では「上に」）、そして前方に（「手前に」）移動すると、視床と視床下部を見つけることができる。視床は、感覚情報を脳上部に伝え、脳上部からの指令を身体、特に筋肉に伝える情報伝達の役割を担っている。視床下部は、いくつかの身体機能の恒常性維持（ホメオスタシス）の責任を担うコントロールセンターの役割を果たしている。視床下部は、睡眠・覚醒サイクルおよび食事や飲み物の摂取、それに各種ホルモンの放出をコントロールしている。

脳の内部そして後部に位置する脳幹、小脳、視床、視床下部といった脳の領域が担当するのは、主に自動的な、反射神経と類似した無意識的な活動である。私たちは呼吸することを意識的に考えたりはしない。私たちの脳が、自動的にやってくれるからだ。こうした脳の領域は他の脊椎動物の脳と似ていて、科学によれば私たちの種の進化の中で、最も早期に開発された機能だと考えられる。

それでは次に、脳のもっと上部で前方の領域に移ろう。それにつれて、脳の活動はだんだんと意図的、意識的になり、複雑になっていく。

扁桃体とその隣の海馬を含む大脳辺縁系を見てみよう。扁桃体は、恐怖と攻撃の感情を処理するのに重要である。扁桃体はまた、恐怖を抱いた事件の記憶に関係している。海馬は、情報や事実を記録しておく責任を担当するメモリーセンターである。海馬は、長期記憶の開発に決定的な重要性を持つ器官である。人間がこの大脳辺縁系の構造を他の動物とも共有しているため、脳のこの領域は「爬虫類脳」と呼ばれることも多い。興味深いことに大脳辺縁系は、私たちの一生をかけても成熟することがない。この領域が刺激されると、私たちは大人になっていても幼児のように振る舞ってしまう。

さらに背面の前方に移動すると、線条体（大脳基底核の一部）に到達する。線条体は計画や運動の実行、それに執行機能にかかるさまざまな認知プロセスにかかわっている。線条体は特に癖や能力、スキルなど、日常的な行動の記憶あるいは貯蔵の一部に関係していると考えられている。報酬と罰が最も重要な効果を発揮することも、線条体の働きによる。[*4]

最後に私たちが到達するのが、大脳皮質である。高度に開発された複雑な脳の領域であり、大部分については脳神経科学でも明らかになっていない未知の領域だ。最近になり開発された皮質を、進化研究の用語で大脳新皮質と呼び、数百万のニューロン（神経細胞）が何層にも重なり、複雑につながっている。これが、脳の左右の半球の最も外側の領域である。左右の半球は、ときには私たちの計算、ならびに感覚をつかさどる脳とも呼ばれる。大脳新皮質の左半球は、より高度で、反射的、論理的、数学的思考に関連している。右半球は、一般的に、社会的、道徳的、それにスピリチュアルな感情と関連している。注意、自覚、思考および意識は、すべて大脳新皮質に依存しているのである。

記憶への書き込みや長期記憶の強化を実現する神経可塑性

脳の各領域について概要を知ったところで、もう一段階深く踏み込んでみよう。まずニューロンについて触れておこう。[*5]

ニューロンの主要な仕事は、相互に電気信号を長い距離にわたり発信することである。ニューロンはこうした信号を、軸索を通じて送る。軸索は神経細胞本体から伸びている細い繊維であり、通常数多くの分岐を経て、脳内の異なる領域や身体の各部分に信号を送る。軸索はシナプスと呼ばれる結節点を通じて、他のニューロンに信号を発信する。シナプスの結節点で、ニューロンは神経伝達物質を放出する。脳内で最も頻繁に使われる神経伝達物質は、興奮性を持つグルタミン酸塩と、大半が抑制効果を持つガンマ・アミノ酪酸（GABA）だ。

他の（よく知られている）神経伝達物質としては、セロトニン（「幸福伝達物質」と呼ばれることもある）、ヒスタミン（花粉症の人にはよく知られている）、それにドーパミンなどがある。カフェイン、ニコチン、コカイン、フルオキセチン（プロザックという薬品名で知られる）といった向精神薬は、神経伝達物質として作用し、シナプス表面の受容体にも作用する。

私たちの神経系は、その規模と複雑さという点で驚くべきものだ。私たちの脳には、大まかに言って1千億個のニューロンがさまざまな形で入っており、それぞれのニューロンには約５０００のシナプスがある。ということは、５００兆のシナプスがあるのだ。20歳の男性であれば、自分の脳内にほぼ18万キロにのぼる軸索を、女性であれば15万キロの軸索を持っている。地球から月までの距離がおよそ38万キロであることを考えると、私たちの脳内の神経系の規模は、気が遠くなるようなものなのである。[*6]

身体を構成するほとんどの細胞のタイプとは対照的に、ニューロンは主に誕生前に形成され、実際に赤ちゃんの脳には大人の脳よりも多いニューロンが詰まっているが、それは使われないニューロンが死んでしまうからである。

一生を通じて、ニューロンは可塑性を保っている。その意味は、ニューロンが継続して新しい分岐を増やし、新たなシナプスを作り続けるということだ。それが起こるのは、外界からの刺激が、私たちの五感と経験を通じて脳に影響を与えるからである。

この「神経の可塑性」は、当初の一時的シナプスが保持され、長期的強化（ＬＴＰ）といった「シナプスの可塑性」プロセスを経て、増強されるからである。簡単に言えば、長期的強化は二つのニューロンの間の、信号発信強度の増強である。この現象が起こるのは、「受容ニューロン」（シナプスを通過した信号を受ける）が、次第に多くの神経伝達物質を受容器に貯めていくからであり、「信号発射ニューロン」（シナプスに到達する前の）からの信号に対して、次第に感度が高くなるからである。この個別のシナプスが感じ取る強度を修正する能力が、学習中の記憶への書き込みおよび長期の記憶の強化が行われる基本だと考えられる。

脳の可塑性を利用して、人の行動は変えられる

言い換えると、脳は一生を通じて変化し続け、「配線変更」している。脳の配線変更は、どこに注意を集中したのか、どういった洞察を得たのか、そしてどのような経験をしたのかにより行われるのである。[*7]

経験した結果により個人の配線が変わった、とよく言われることがあるのだが、これはただの隠喩表現ではない。まさに私たちの脳が、思考、記憶、癖を、脳に組み込むことを文字どおり表している。作家のデイビッド・ロックと研究精神科医のジェフリー・シュワルツによると、「ある特定の専門分野について毎日学ぶ人は、毎日その分野について学ばない人よりも、異なる接続パターンを通じて、異なる考え方をする」とのことだ。[*8] たとえば、財務、オペレーション、法律、研究開発、マーケティング、人事といった異なる分野の専門家は、現実の見方が異なり、思考も異なり、異なることを感じ、そして、驚くべきことではないが、同じ状況に直面していても、その場でとる態度や行動は異なっている。

脳は、外界からの課題に直面して、驚くべき内部変化や可塑性（新たなシナプスを築き、配線変更をする）を発揮する。『私の脳内出血から生まれた洞察』という著作と、ＴＥＤでの講演の中で、神経解剖学者のジル・ボルト・テイラー博士は、１９９６年に彼女が

経験した、脳の左半球に重篤な損傷を与えた脳内出血後、自身の大脳皮質の機能を再構築した経験を語っている。[*9]

私たちの脳が、それほど可塑性があって形作ることが可能なら、つまり、私たちにそうする必要があれば脳を書き直すことができるとわかっているのなら（老化により可塑性は減ずるものの）、なぜ人が自分の行動を変えることが、それほど難しいのだろうか？

学習と変化はどのように起きるのか

その答えは、学習のプロセス（つまり長期の記憶を築くこと）と、2つのつながったプロセス（1つは学習を妨げるものであり、もうひとつは学習を加速するもの）が原因である。私たちが学習をした場合、私たちの脳には「これは大事だぞ、覚えておかなくては！」という信号が必要なのだ。喜び、愛、悲しみ、怒り、恐れといった感情は、そうした信号なのである。[*10]

たとえば、人によっては、特定の日付のほぼ1分ごとの経過として、そのときの出来事を記憶しているかもしれない（たとえ何十年経っていても）。その出来事とは、何か非常に高い感情密度（ポジティブあるいはネガティブ）の事件が起こった日付なのだ（それは、重要なテニス・トーナメントの決勝戦に勝ったときかもしれないし、親しい親族が亡くなったことを告げられたときかもしれない。さもなければ、ケネディ大統領の暗殺や、2001年9月11日のテロリストによる攻撃といった、心に残る公的な出来事の経験かもしれない）。

しかし、そうしたことを記憶している同じ人が、その出来事の起こる前、あるいは後の数日に起こったことを何一つ覚えていないことがある。さらに、学習する場合、私たちの脳は、神経学者が「統合強化」と呼ぶ繰り返しのプロセスによって、記憶を補強していく。思考や行動の継続的な繰り返しによって、脳の記憶は導かれるのである。[*11]

簡単な言葉で、それがどのように作用するのかをまとめてみよう。私たちは、新しいスキル、癖、行動を、注意して見守ることを通じて学び始める。つまり、内省的思考であり、その間に新しいシナプス、すなわち新しい神経の結合が形成される。この思考は、概して大脳皮質に「一時的に保存される」ことがわかった。イメージング技術の発展によって、熟慮系のシステムが特に前頭前野を刺激することが証明された。脳のこの領域を通じて行われる活動には注意と集中力が要求され、著しい量のエネルギー（グルコース）を消費する。

パソコンのワーキング・メモリのように、前頭前野は限られた量の情報しか保存できない。したがって、繰り返し行われ癖になるほどの活動（統合され強力な神経接続となった）は、私たちの脳の「Cドライブ」である自動系に押し下げられ、保存される。科学者たちは、再度イメージング技術を駆使し、自動系が強固な記憶をつかさどる海馬を活性化し、さらに線条体も活性化することを突き止めた。

線条体は、私たちがエネルギーや努力を費やすことなく行っている、癖となっている活動や手順を操縦するものと考えられており、私たちが「何の考えもなく」行っていると表現するものが、それに当たる。[*12]

プロテニス選手を一言で下手くそにできる

このことを簡単に理解してもらうために、テニス選手のことを例に挙げてみよう。まず、選手がバックハンドでトップスピンをかけたボールを打つ（ラファエル・ナダルが通常打つように）ことを学ぶ場合を考えてみる。

まず、バックハンドでトップスピンのボールを打つには、最大限の注意と集中力が必要だ（だからこそ、うまく打てたときには大きな喜びがある！）。選手は、フットワーク、上半身を正しく回転させること、腕の動きに集中することが必要だ。この局面では、熟慮系システムが作動している。しかしながら、選手がバックハンドを1000回打ったなら、この動きはルーティンになっている。フットワーク、回転させた上半身の位置、そして右手のスイングは、あたかも魔法がかかったように、何も考えなくても自然に行われる。そうなるのは、すべての動きが自動系システムに保存されたからだ。

興味深いことに、プロ選手に対して一言こう言うだけで、選手のプレーを下手にすることができるのだ。「わお、今どんなふうにやったのか、教えていただけませんか」。その一言で突然、自動系システムは意識的に評価されることになり、身についていた自動的となった完璧さを失ってしまう。

不快感は脳の能力を低下させる

既に触れたが、感情は学習において重要な役割を果たす。扁桃体が、このプロセスには必須である。それは、扁桃体が異なる神経伝達物質を放出することにより、感情的な反応を調整するからであり、そのことにより脳の他の領域の記憶が保存されている場所（たとえば海馬）に刺激が誘発される。差し迫った危険のような、非常にストレスの高い状況に反応して、扁桃体は急速に活性化され（脳の他の領域の活動を回避させ）、熟慮的思考や学習したことに取って代わり、独自の行動をとる。私たちが極端なストレスや危険に直面すると、本能が引き継ぐように思われる（そして事実、本能がそうしている）。この現象は、「扁桃体ハイジャック」[*13]とも呼ばれ、この用語の名付け親は『EQ　こころの知能指数』の著者、ダニエル・ゴールマンである。
対照的に、入ってくる刺激がよく知られているものである場合は、扁桃体は穏やかであり、近くにある海馬が新しいフォーメーションを学習し、記憶することができる。[*14]
話をテニス選手に戻そう。もし私たちがバック・ストロークを再度変えようとすると、ポイントを取るためにプレッシャーを感じているときには、これまで1000回も打ってきたいつものストロークに、自動的に戻ってしまう。選手は、プレシャーの下で新しいストロークで打つと、不自然で不快な感じを持ってしまうのである。
リーダーが企業の中で、行動の変化を要求される組織変革のストレスにさらされたときには、これと同じ力学が働く。組織の中のルーティンの数々、たとえば人々の間の接触、どのように仕事を進めるのか、意思決定をどう行うのか、といった習慣は、典型的に脳内の線条体により操縦されている。こうした癖のような習慣を変更するには、多くのエネルギー、注意、それに努力が必要である。プレッシャーの下、およびストレスの高い状況下では、人々は居心地の悪さを感じ、変化に抵抗し、もっと「原型に近い」すなわち「基本的な」行動に戻ってしまうのだ。

経営陣の人たちは、社員の暮らしの文脈の変化が引き起こす不安や恐怖の感情を、過小評価してしまうことがある。文脈の変化には、たとえば同業界の他社の破産のニュース、親しい友人や親族が失職してしまう可能性のある経済不況、あるいは勤めている会社で人員整理が行われるというニュースがあるだろう。状況が悪化するという認識を与える変化は、不快感を生み出し、学習して新しい状況に対応しようとする脳の能力を低下させてしまうのである。

強いポジティブな感情下の学習は、脳に定着しやすい

これとは対照的に、学習を促進するには、脳の持っている成長したいという先天的な希望、すなわちシナプスを通じて新たな神経の接点を築きたいという欲望を活用するプロセスを使うべきだ。よく見られるケースなのだが、社員が行動を変えるのは、そう命じられ、変えることでインセンティブが与えられるからだ、と経営陣は考えてしまいがちだ。しかし、行動の変化は、社員の学習の結果である。人々に問題を解決する権限が与えられたとき、そして与えられた仕事により新しいアイデアと刺激に接し、学ぶ機会

が与えられた（そしてシナプスを作り出せる）ときに、脳の生来の可塑性にぴったりと合致した完璧な状況に出合うことができるのである。

強いポジティブな感情（たとえば、問題を解決したという喜びの気持ち）の下で学習が起こると、その感情は、変化により引き起こされたストレスや不安感といった結果を打ち消し、ニューロンの接続を強化する条件を提供して、変革（および記憶）を脳内に定着させる。

このように、インスピレーショナル・リーダーシップ、問題解決を人々に委ねエンパワーすること、それにポジティブな（不安や恐怖により引き起こされるのではない）展望を示すことは、私たちの脳とは共鳴し合うのである。

では、この議論は、リーダーたちにとってどのような意味合いを持つのだろう？

第1に、価値観に訴求し、前向きで意味のあるビジョンを描き、感情に訴えかけることにより、リーダーは変革の文脈を築くことができる。この世の終わりのような暗い現実の姿を描くのではなく、危機と不安感を創り出し（「変革の必要性」）、なぜ会社が凋落の道をたどっているのかを明確に語ることによって、インスピレーショナル・リーダーは、得心がいき、刺激的で魅力的な、来るべき将来の絵を見せることができる。こうすることにより、ストレスと不安感のレベルを下げ、創造性、学習、および変革を前提条件として提示することができる（扁桃体を刺激しすぎることがないように）。
アップル・コンピュータでスティーブ・ジョブズの果たした業績回復の事例に、単純で前向き、しかも感動的な話が与えたインパクトを見ることができる。長い間トップの座から追放されていた後、戻ってきた彼は、アップルのイメージを変えてしまった。それまでのアップルは、市場のわずかなシェアを死守する、主流から取り残されたプレーヤーであったが、彼が復帰して、小さいが、他の人たちから羨ましがられるエリート、すなわち、あえて「異なることを考える」創造者になったのである。[*15]
第2に、インスピレーショナル・リーダーは、社内の人たち自身が問題を解決し、自分たちの中から洞察を生み出すよう、組織としての前提条件を創り出したいと考えるかもしれない。人々をエンパワーして力を与えるには、それぞれが説明責任を負い、意思決定をし、リスクを取り、自分たちで組織を形づくることが重要だ。

＊＊＊

インスピレーショナル・リーダーシップは、個人および組織の変革を促進するのに、強力なアプローチである。それは、どのように人々が学び、変化するのかに関して、脳神経科学レベルで働きかけるからこそ、変化を引き起こすのである。

それでは、次にインスピレーショナル・リーダーシップを具体的にどのように使うのか、さらに詳細に見てみよう。

だがその前に、インフルー社のジェームズのその後の状況をチェックしておこう。

CHAPTER 5

複雑な関係、複雑な仕事で影響力をどう使うか

ジェームズとインフルー社の物語②

単純明快とはいかない状況下のリーダーシップ

ジェームズがJFK空港からマンハッタンに入るタクシーをつかまえたとき、マーク・ジェンセン博士との会話に助けられ、彼は厳しい結論に達しようとしていた。野心的な目標値を設定し、容赦ないプレッシャーを加え続けるという自分のリーダーシップ・アプローチは、インフルー社を成長軌道に戻すのに効果的ではないということを、時間をかけながら、しぶしぶ認めざるをえなかったのだ。だが、そのことが今後の彼の行動にどのような意味合いを持つのか、まだ消化できてはいなかったが、困難な変革が待ち受けているとは気づいていた。

ハードな影響力行使アプローチが、どちらかと言えば単純明快な作業に向いていることは理解していた。これまでのインフルーの業績反転は、比較的単純明快なものであった。以前にやったことがあったし、できることがわかっていた。つまり彼には、何をすればよいのかがわかっていたのだ。彼は、トップの地位から指示を出し、部下が彼の依頼事項を果たすよう、プレッシャーを与えることができたからだ。

しかし今回、インフルーの業績を安定した成長軌道に戻すのは、単純明快とはとても言い切れなかったのだ。

小規模で敏捷な競合企業は、インフルーの最大の事業ユニットである血液診断機器部門を痛めつけていた。競合企業たちは、インフルーよりも優れた革新的製品の優位性と、コスト効果の高いビジネスモデルを活用することができたのだ。これらの小さく敏捷なアジア企業は、当初、血液診断機器市場に低品質・低価格帯の製品メーカーとして参入してきたが、今では優れた高品質製品を市場に投入するようになっていた。

野心的で競争心の強いクウェンティン

血液診断機器事業本部長のクウェンティン・スローンは、こうした変化が起こることに気づいていなかったのだ。彼は、野心的で競争心が強かったが、こうした競合を嘲笑し、過小評価してきた。ところが今や、彼の率いる部門が、競合の成長の勢いと急速な技術革新に追い付いていくのに四苦八苦するようになっていた。

ジェームズには、クウェンティンが強いリーダーシップ・スキルを持っていることはわかっていたが、彼は生意気で、ときには好人物とは言い難い性格の持ち主だった。取締役会はクウェンティンの自信と知識に引きずられていたが、彼は対立を好み、特に圧力をかけられると反抗的態度をとった。また彼には、急速に動く国際市場での戦いの経験が不足していた。長所としては野心的で、頭の回転も速く、やる気もあったのだが、自分の専門分野で後れを取っていることに苛立っており、自分のゲームをすることを忘れてしまっていた。そして、そのことが血液診断機器事業本部の業績を回復するうえで、ネックとなる問題の一部なのかもしれなかった。

だが、インフルーの、血液診断機器事業ほどには大きくない他の2つの事業部門も、問題を抱えていた。

分子診断機器事業部はまだ新しい部門であり、科学技術の最先端の革新が頻繁に起きる市場分野で競合しており、診断機器市場の中でも利益率の高い分野である。この事業は米国に本社を持つ企業との競合に直面しており、そこはインフルーよりもはるかに多額の研究開発費を投入していた。競合企業は巨額の研究開発費をかけ、患者の病気のバリエーションを判定する新種の検査法を開発していた。分子診断機器市場は医薬品大手およびベンチャー・キャピタルが、研究において少しでも前に出ようと競って数百万ドルを投資している「ホットな」市場であった。

メアリーの心は既にインフルーを離れているかもしれない

こうした状況を考えているうちに、ジェームズの思考は分子診断機器事業部のリーダーであるメアリー・ケンペルに向かった。彼の考えでは、メアリーは他の2つの事業部長ほど一生懸命に働いておらず、過去2年間この分野への会社の投資が少ないことを声高に発言してきていた。ジェームズは、彼女の意見にも一理あるとは思ったものの、問題は資金不足だけではなかった。彼女が率いる部門は、優秀な研究科学者を採用し、維持していくことができていなかったし、ダイナミックに成長する分野で後れを取っている状況から、株主の信頼も失っていたのである。

メアリーは40代で、幹細胞研究者として博士号を持ち、この分野のエキスパートを個人的に知っていた。彼女は先端科学と日常的に接しながら育ってきていた。彼女の母親は大学教授であり、父親はノーベル賞を受賞した生物学者だったからだ。彼女は、世界が変わる時期だという目的意識を持ってはいたが、彼女が心から感じる緊急性により、自分の部門の科学チームを再建して動き始めるのは、会社が彼女の要求の緊急性に気づき、大規模な投資に合意してからだと考えているようだった。ジェームズは、メアリーの心は既にインフルーを離れ、転職後のことを考えているのではないかと危惧していた。

実直で効率を重視するヨーグ

3つめの事業部門である医療機器事業部は、製品の品質問題を抱えていた。部門長のヨーグ・モーテンは、会社の予算削減の指示に従って投資を控え、その結果技術力も落としていた。品質問題と製品リコールに加え優れた人材が会社を離れたことで、彼の部門はますます苦境に陥っていた。ヨーグは、おそらく役員会メンバーの中でジェームズの最も親しい友人であったが、このひょろっと背の高い質実剛健な技術者は、自部門の予算削減に怒っており、口には出さないものの、ジェームズの「命令とコントロール」というアプローチには反対していた。

ヨーグは良心的で実直な人物であり、50代半ばの効率を重視するドイツ人であった。自分のやっていることはよくわかっており、自分の仕事を完全に果たすために、会社が十分な資源を与えてくれないことに欲求不満を感じていた。それでも、彼は信頼でき、好きになれる味方であった。ジェームズは、友達としての個人的な好意だとしても、彼からは支援が得られると信頼しており、彼の感じている幻滅には対処したいと考えていた。

自分には、インスピレーションを与える才能はないが

3人の事業部門長は、それぞれ複雑な問題に直面していた。こうした問題に対処するには、創造性、リスクに挑む気持ち、著しい努力、執拗に継続する気持ち、それに細心の注意が要

求される。

ジェームズは、自分が業績転換のためにこれまでやってきた、きわめて大きな力で押し切るアプローチでは、リーダーとして思い描く結果にはつながらないとわかり始めていた。仮に、独裁的に指示を与えていくことができたとしても、科学の知識と各事業部門の複雑な事情を理解することなしには不可能である。ジェームズは、そのどちらも持ち合わせていなかった。会社の成長を達成するには、ジェームズは事業部門長を信頼し、もう一度やる気を起こさせるしかなかった。このときジェームズは、真の影響力が何かをもっとよく理解し、影響力の行使をクウェンティン、メアリー、ヨーグという最も重要な3人の事業部門長から始めなければならない、と気づいた。

ジェームズは、クウェンティン・スローン、メアリー・ケンペル、ヨーグ・モーテンの3人の気持ちを再度1つに結合したいと考え、そのために役員会のもう一人のメンバーで、彼の部下であり、気持ちの安定した実務的なCFOであるジェーン・カニンガムの助けを借りようと思った。ジェーンとはほぼ毎日連絡を取って仕事をしており、彼女の常識とビジネス知識を彼は高く評価していた。

事務所に着くと、ジェームズはジェーンに、ジェンセン博士について話し、彼が学んだことを説明した。つまり、複雑な作業に関して人々のコミットメントを築くのに、最強の影響力行使アプローチはインスピレーションによる訴求である、ということだ。しかしながら、インスピレーションを与えることとは、彼の生まれついての才能ではないことが彼にはわかっていた。これまで誰も、彼がインスピレーショナル・リーダーだと評したことはなかった。

ジェームズは、問題解決に際しては数字に強い人間としてアプローチし、トップにいて決断力を持ち、管理することを知っているしたたかな再建屋、として対処してきた。彼はこれまで他の人たちの感情には、少なくとも職場では、ほとんど関心を持ってこなかった。彼が感じていたのは、ビジネスは感情のような「ソフトなもの」の入る場所ではない、ということだった。ビジネスとは、数字、意思決定、それにカネであった。

新鮮な知識に目からウロコが落ちたような気持ちで、ジェームズはジェーンの協力を得て、インフルーの組織文化、それに業績を変える新たなやり方を発見したいと思っていた。

自らの態度の変化を家庭で確かめる

マーク・ジェンセンとの会話を続けた結果の一部として起こったジェームズの態度の変化は、歩みが遅く、一筋縄ではいかなかった。彼は努力を続けていたが、その努力の大半は妻のジョアンとのやりとりを通じて傾けられ、その結果彼にわかったことは、彼が新しい情報を処理し、個人的な変化を遂げるのに、理解ある彼女の存在が拠り所となっているということだった。

これまで、ジェームズの命令口調での説得アプローチは家庭でも問題を引き起こし、10代の長女リズの不満の原因となっていた。そこで彼はジョアンと、リズとその弟のマックスを育てていくうえで、新しいアプローチに変えればどのような効果があるのかと、何時間もかけて話し合ってきた。

だが、これまでのところジェームズは、リズの思春期特有のナイーブさとのギャップを埋めることはできていなかった。彼は、新しいアプローチをとれば、リズのとげとげしい防御姿勢を和らげられるとしても、彼女の学業成績や振る舞いに関しては、標準を下げたと誤解されたくないと思って躊躇していたのである。

弟のマックスについては、ずっと簡単だった。一緒にサッカーボールを蹴り、彼の級友との遊びについて尋ねたりするだけで、彼に関しては問題なかった。ジェームズの考えでは、マックスの穏健な性格はジョアンからの遺伝だろうと思われた。彼は、リズの緊張した突っかかる態度に自分自身を見ていたが、そうした洞察も10代の娘との関係の複雑さを解決する助けにはならなかった。

マーク・ジェンセンは、ジェームズに他の影響力行使アプローチについて話してくれていた。それは、ジェームズが使い慣れている命令とコントロールによるアプローチよりも、家庭や現在のインフルーの状況において効果的なものであった。しかし、ジェームズには、その考え方にもっと慣れ親しまないと効果的に使うことはできないことがわかっていた。

ジョアンも、同様な思考パターンで娘に話しかけるよう、ジェームズに勧めてはいたが、リズの腹立たしい自己陶酔的な姿を見るたびに、まだ数少ないツールしか入ってない彼の道具箱では、独裁的な衝動を呼び起こすことになり、一方的な物言いで終わってしまうだろうと気づいていた。

新しいアプローチは実るか

ある晩遅く、ジェームズが自宅の執務スペースで、どうすればチームの再活性化が可能かを考えていたとき、誰かが階段を下りてくるのに気づいた。それは、しわくちゃのTシャツを着て、乱れた髪のリズだった。明らかに眠れない様子だった。

ジェームズはいつものようにリズに話し始めたが、今回は普段よりもソフトなアプローチを試みてみた。

「リジー、具合でも悪いのかい?」とジェームズが尋ねた。

「お父さんにはどうせわからないわ」と、リズはふてくされぎみに答えた。「それに、エリザベスと呼んで。私は、お茶を飲みにきたの」

いつもであれば、その態度は何だと思い、肩をすくめてやり過ごすのだが、その夜はソファから立ち上がり、彼女の後について台所に入った。

「眠れないのかい？」と訊き、「僕もなんだ。仕事なんだけどね。でも、きみは何かあったの？」

「気にしなくていいわ」とリズが答えた。「お父さんには、わからないわよ」

「そうかもしれない」とジェームズは答えたが、続けて「でも、努力するよ」と言った。

「パパ、本気なの？」とリズは意地悪そうな表情で言い返しながら、スプーンに山盛りの砂糖をティーカップに入れた。「それって、新しい……」

「そうだね。きみと私は、いくつかやり方を変えなくてはいけないと思ってね……」とジェームズは、半分は自分に言い聞かせるように彼女に言った。「でも、今晩は遅いから。もし、お母さんと私にできることがあれば、何でも私たちは手伝うよ」

「ただのバカな学校のことよ」と、リズは自信なさそうにブツブツ言って、カップを持って脇をすり抜けるが、言葉遣いの悪さが厳格な父を怒らせるのではないかと考えていた。

ジェームズは苛立っていた。しかし、ほとんど無意識のうちに、彼女と口論はしないぞと心に決めていた。そして、階段を上っていく彼女の背中に、「リジー、今夜は寝なさい。でもまた話そう」と声をかけた。

さまざまな形のコンサルテーションを実践する

翌日、出社したジェームズは、ソフト・アプローチと、彼がよく使う「命令とコントロール」戦術は、組み合わせて使えるのではないかと考え始めていた。自身の独裁者的アプローチにコンサルテーションの要素を組み合わせれば、組織にもっとエネルギーとコミットメントを創り出せるのではないか、という仮説なのだが、つまるところ彼には、強い権限を委譲しすぎてしまうことに抵抗があったのだ。彼は、協議することにはいくらでも合意するが、権限を手放すことはしたくなかったのである。

彼は、戦略的な意思決定および投資案件に関する主要な意思決定、それに優先順位の高い指示については、厳しいコントロールをしたかったのである。取締役会と株主に良い結果を示すことができない場合、クビを賭けるのは自分なのだ。しかしながら、同時に、インフルーの目標を達成するには、クウェンティンのエネルギーを得て、メアリーの意識を再度会社に向けさせ、ヨーグを激励するものを彼に与えることが必要であることも、彼には十分わかっていた。

CFOのジェーンと彼女の部下の助けを得て、ジェームズは研究開発への投資の増額方針、3事業本部すべての品質向上プラン、それに加えて、これまでよりも高い成長目標を描いた、新しいグループ戦略の下書きを作成した。そして、3人の事業部門長を呼んで話し、巻き込むプロセスを開始した。戦略の最終の詰めに、彼は3人に参加してもらいたかったのである。

権限を委譲したり、インスピレーションを与えたりするものではないが、コンサルテーションの準備を終え、ジェームズは3人の事業部門長と個別に討議を開始し、新戦略の最終的な承認合意を得るために上級役員全体会議（ジェーンと3人の事業部門長にジェームズを含めたメンバー）を設定した。

クウェンティンとの血液診断機器事業に関する一対一の討議は、かなりうまくいった。クウェンティンは、事業本部の立ち上げチームのメンバーであり、比較的若いにもかかわらず、かなり長くやってきた。彼は、担当する事業を表も裏もよく理解しており、組織の誰もが彼は血液診断の真のエキスパートであると見ていた。

ジェームズは、全社戦略の中で血液診断機器の果たす役割に関するクウェンティンのインプットを尊重しながら、クウェンティンの専門知識を重視して一目置くだけでなく、それとなく他の2つの事業部門の戦略についても質問してみた。ジェームズはクウェンティンにアイデアを求め、それを具体的な詳細計画に反映し、統合した全体戦略をジェーンと一緒に詰めてはどうかと提案し、共同作業に誘った。これまで事業本部以外の全社戦略にかかわったことがなかったクウェンティンは、ジェームズが貢献を依頼することに気をよくした。

このミーティングの後、数日中に、クウェンティンはそれまでの自分の思考パターンを捨て去った。つまり、もしジェームズがインフルーの成長を達成できなければ（そしてクウェンティンが社長候補リストに載っていれば）、取締役会で次期社長候補になるかもしれないが、自分は若すぎるのかな、という考えである。クウェンティンはこの考えを離れ、今やジェームズとの共通課題となった血液診断機器事業と会社全体の目標を、どうすれば達成できるだろうかと考え始めた。

クウェンティンは、自らの事業部にこれまでより著しく高い成長率と市場シェアの獲得が設定されたにもかかわらず、新しい計画の達成を決意していた。ジェームズが、ついに彼を同等なメンバーとして扱ってくれたことを、クウェンティンは喜んでいたのだ。

もう一度やってみよう

分子診断機器事業部に関するジェームズとメアリーの一対一の議論は、もっと困難なものであった。ジェームズが提案した投資水準の増強には感謝したものの、彼女は目標を上げることには同意しなかったのだ。彼女の考えは、最近の予算削減などによりインフルーの研究開発と科学的な実力は落ちており、分子診断機器事業部を元の成長軌道に戻すには、他の事業本部が必要とする時間よりも長くかかる、というものだった。

ダイナミックに展開してトレンドに乗ることが必要な分子診断分野の科学者を人員削減により失ったので、まずはインフルーが科学者にとり、研究を続けるのに魅力的な勤務先であるという評判を再構築しなければならないからだ、と彼女はジェームズに説明した。

さらに彼女は、ジェームズにとって苛立たしいサイクルを説明し始めた。それは、インフルーが業界での地位を再構築するには、業界で非常に尊敬されている科学者を採用すべきであり、トップクラスの科学者を採用するためには、インフルーは失ってしまった名声と地位を回復する方法を発見しなければならない。だからこの停滞を回復するには時間がかかる、というものであった。ジェームズが自分も時間を使い、コネクションを使って何名かの著名な科学者の採用を手伝うことを約束し、彼女の部門の成長ターゲットを少しばかり下方修正することにして、やっと彼女は彼の計画を支持すると約束してくれた。

このときジェームズは、ライバルである米国の大手製薬会社から採用通知が彼女に来ることになっているとは知らなかった。彼女がジェームズの計画に合意したのは、インフルーに対する信頼がまだ彼女に残っていたからではなく、彼女の家族の信頼を根こそぎなくしてしまいたくはない、という気持ちからであった。

しかしながら、ジェームズの態度の変化が彼女の心を動かした。ほとんど傲慢な独裁者に近かったものが、少なくとも本物のコンサルテーションに近づこうとする努力に変わったことを、彼女は喜んでいた。ミーティングの後、彼女は自分の部屋の机に向かい、もう一度やってみようと決意した。パソコンに保存してあった採用候補の科学者のリストを開き、彼女は、どの候補に絞り込もうかと一人ひとりの情報を見ながら考え始めた。

個人的な友情に免じて新しい計画を支援してくれ

ジェームズの医療機器事業に関するヨーグとの会議は、最も難しく好戦的なものになったが、それは2人が友人同士であり、他の事業部長に対するよりも防御意識が低かったからだ。ジェームズが今後の展望について話し始めると、ヨーグは前年の予算削減に話を振って詳しく語り始め、彼の観点からは明らかにそれが品質問題の原因である、と繰り返した。彼の、「だから、そう言っただろう」という上から目線の発言に苛立ちを覚えたものの、ジェームズは口論を始めて時間を無駄にしたくなかったし、また強力な味方を配置転換により失いたくないと考えた。

ヨーグは管理者として有能であるばかりでなく、ジェームズは本当に彼のことが好きだった。2人は良い関係を築き、互いに信頼しあっていた。ヨーグは取締役会のメンバーの中でおそらく唯一の友人だ、とジェームズは考えていた。長時間の会議を2度行い、ヨーグがすべての懸念をぶちまけた後で、ジェームズは、個人的な友情に免じて新しい計画を支援してくれるよう、ヨーグに頼んだ。

そう頼まれると、ヨーグは断ることができなかった。彼は新しい計画に力を尽くすことに合意したが、それを実行するには、彼の部門は品質問題を記録的な速さで解決しなければならなかった。ジェームズからの個人的な訴求と、自部門への財務的支援の約束により、彼の怒りは鎮められたのである。何より、彼もまた友情を壊したくはなかった。ジェームズが社内でも社外でも、同僚として自分に接し、付き合ってくれる限り……。

以前、2人は家族ぐるみで夕食を共にしたり、映画を観に行ったりしていたし、社内でも仲が良かった。その2人が決裂してから、ずいぶん経っている。妻を伴った最後の外出の後、ヨーグが再婚した妻のイルザに「あいつは若いよ」語った。するとイルザは「でも頭はいいわよ、それに彼にとってあなたはとても大事なのよ。時間をあげなさい」と答えたのだった。

＊＊＊

すべての事業部門長とのコンサルテーション会議を終え、ジェーン・カニンガムによる新しい戦略も完成したので、ジェームズはインフルーの上級役員全員による役員会を招集した。会議の雰囲気は良く、ジェームズはトップチームの全員が今や新戦略の実施に向け一丸となっていると感じた。

事実、時間が経つにつれ、リーダーシップ・チームのやる気が全社に影響していくように思え、その証拠は社員労働意欲調査の結果に反映されていた。物事は良いほうに変わり始めた。インフルーは人材、研究開発、およびインフラへの投資を計画どおり実施し、販売サイドの手応えも良かった。売上げは改善し、それから6カ月のうちに、インフルーは成長の兆しを見せ始めた。

インフルーはまだ試行錯誤の森を抜け出したわけではなく、やるべきことを誰もが大量に抱えていたが、取締役会は会社が正しい成長軌道に向かっているとの確信を、ますます強めているようだ。取締役会会長のカールの支援はまだ生ぬるいものの、彼は「様子を見てみよう」という立場を取っていたが、取締役会は満足の度合いを強めていた。

ジェームズは未来への展望に関して注意を怠らないが、確信をしている。彼はマーク・ジェンセンに、コンサルテーション・プロセスはうまくいき、トップチームのメンバーは一丸となり、会社全体にやる気が横溢している、と報告した。

ジェームズは、自分が取締役会の信頼を回復していると感じていた。

PART Ⅱ

Inspiring Others

どんなときに人は、インスピレーションを感じるか

CHAPTER 6

何がいけなかったのか、わからない

ジェームズとインフルー社の物語③

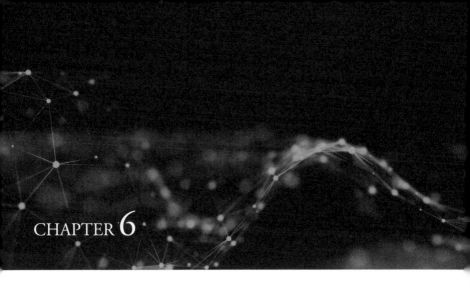

「私は学校が大嫌い」

日曜日の夜、ジェームズは居間に座って、マーク・ジェンセン博士がくれた感情移入の概念に関する論文を読んでいた。

週末はうまくいった。家族みんなでアイスクリームを食べに行った。ジョアンは、娘のリズが週末の大半を落ち込んで過ごしていたと話したが、いったい何が原因なのか、そのときジェームズにはまったくわからなかった。

だが、リズが居間を通り抜けて行こうとしたとき、妻が話していたことを思い出し、書類から目を上げて、「リズ、大丈夫かい?」と声をかけた。

「私のことはエリザベスと呼んで」と不快感をあらわにした、ほとんど条件反射のようなフレーズが返ってきた。「たぶん大丈夫だと思うわ。でも、明日は学校に行きたくないの。学校はひどいし、大嫌い」

「ふうん……、僕が育った時代も学校はひどかったよ。学校に行きたいなんて一度も思ったことはないし、学校は大嫌いだった。わかるよ」とジェームズは返した。娘と感情を共有することでリズが元気を出すよう、できるだけ感情移入をしようと考えていた。

「でも、私は本当に大嫌いなの」

「それはわかるよ……。でもね、人生は楽なことばかりじゃないんだ。僕だってときどき、会社に行きたくないことがあるよ……。だけど、教育はきみにとってとても大切なんだよ。明日は家でゆっくりして、火曜日には学校に行くようにしたらどうかな？」

「そうね、でも……」リズは何か言いかけて、やめてしまった。

「いいかい、たった6週間後には、休暇が始まるんだよ」

ジェームズは、彼女の話を途中でさえぎって自分が話し始めてしまったことに、気づいていなかった。

「頑張っていれば、休暇は気がつかないうちに来てしまうよ。背が伸びたから、新しいスキーを買ってあげなきゃと思っていたんだ。きっと楽しいと思うよ。約束する」

「何でもいいわ」とリズは言った。「お父さんには絶対わからないんだから」

捨てぜりふを残し、リズはソファでテレビを見ていた弟のマックスの隣にドスンと腰を下ろした。マックスの膝の上に置かれたクリスピーの袋から、リズが一握りつかみ取るのを見てから、ジェームズは読んでいた書類に視線を戻した。

何がいけなかったのか、彼にはわからなかった。感情移入というものを試みたはずなのに、成功したとは思えないし、娘の助けになったとも思えなかった。娘の心の中で何が起こっているのか、彼には見当がつかなかった。なぜ、あんな態度を取るんだ？　あのやりとりは合理的ではない。学校は大事なはずだ。あの子は、自分の将来が大切ではないのか？

彼は、マークの論文を読むことにした。

CHAPTER 7

インスピレーションを与える技術

もしあなたに生まれつき誰かの世界観や感情を変える能力があるとしたら、その贈り物を無駄にしてはならない。それは神から与えられた最強のものであり、影響力という能力なのだ。

――シャノン・L・アルダー

実践への3つのステップ

本書の後半で、いくつかの要素によって、どのように人間の行動が影響されるのかを検討する。その要素は、文脈、ノウハウ、スキル、それにマインドセットであり、マインドセットには、価値観、感情、パーソナリティが含まれる。

本章では価値観と感情に焦点を当て、こうした「内在する動機づけの要因」にどのように訴えかければ、他の人たちにインスピレーションを与えることができるのかを論じてみたい。つまり論点は、価値観に訴求し、感情を引き起こすことにより、他の人たちにどのようにインスピレーションを与えるのかである。

議論を整理し構成するのに、私たちの行動は、私たちの中の動機づけの要因（価値観と感情）により動かされているというフレームワークで考えてみよう。この枠組みを**図7-1**に示した。

たとえば、インフルー社のメアリーは、自分の統括する事業ユニットの業績転換への取り組みに、まったく進捗を見せていない。彼女は意思決定を遅らせ、すぐ取り組まなければならない課題に力を入れていない（行動）。その理由は、彼女がインフルーとジェームズに苛立ちを覚えているからだ。彼女は、自分には味方もおらず一人ぼっちだと感じており、意気消沈している（感情）。苛立ちの理由は、メアリーは夫からもジェームズからも支援を得ていないと感じているからだ。夫は教授でほとんど家におらず、4人の10代の子供たちの世話を自分に任せたままだし、ジェームズは、もっと科学者を採用しなければならないのに予算を承認してくれない（要因）。

この枠組みを頭に置いて、インスピレーショナル・リーダーシップを意図的に実施する構成法を、3つのステップに従って考えてみよう。

第1のステップは、内面にある動機づけの要因を見つけることである。つまり、価値観と感情を理解し、何が人々を突き動かしているのかを知ることである。価値観と感情を評価するには、物理的に態度や表情に表れるものを観察することから、用いられる言

図 7-1　振る舞い、価値観、そしてそれらを駆動する要因

メアリーは意思決定を遅らせており、目下の課題に力を入れて対応していない。

メアリーはインフルー社とジェームズに不満を抱いている。彼女は一人ぼっちだと感じ、落ち込んでいる。

欲求不満の原因は、家にあまりいない大学教授の夫から、4人の子供を育てるのに十分な支援を得られず、またジェームズからも、もっと多くの科学者を採用する予算の承認が得られていないことにある。

葉、それに行動のパターン（最初の章で論じた）まで、いくつかの異なるアプローチがある。本章では、感情移入の調査という、急速に深く入り、人々の内在する動機づけ要因（価値観と感情）と、同時に彼らを突き動かす要素を表面に浮かび上がらせる簡単なテクニックを考えてみたい。

第2のステップは、他の人たちが行動をとる約束を取り付けることである。それには、(a)人々の内面の動機づけ要因に働きかける、あるいは(b)内面の動機づけそのもの、すなわち価値観や感情に直接働きかける、といういずれかの方法がある。この点に関して、ロールモデルの概念と感情の伝染について触れることにしよう。

第3のステップが、他の人たちをエンパワーして行動に移らせることであり、権限委譲し、人々に説明責任を与え、彼らに問題を解決させ、意思決定を行いリスクを取らせることだ。

感情移入で内面の動機づけとなるものを理解する

他の人たちにインスピレーションを与える第1のステップは、彼らの内面の動機づけを行うもの、すなわち価値観や感情につながり、何が彼らを動かしているのかを理解することである。

まず価値観を、次に感情について検討してみよう。

正か邪か：価値観

人の持つ価値観と優先順位付けは、正しいか間違っているのか、正か邪か、重要か重要でないか、すなわち何が「あるべき姿」なのかといった考え方を反映する。「すべての人に同等な権利を」「優れたものには賞賛を」「人にはすべて尊重と敬意を」といったフレーズは、すべて価値観を表す言葉の例だ。

価値観の一部は生理学的に決定されたものであり、物理的な痛みを避け、喜びを求めるように、人は通常それらを客観的と考える。その他の価値観は主観的なものと考えられ、個人間や文化間で異なるものである。人は数多くの価値観、たとえば道徳的なもの、思想的（宗教的、政治的）なもの、社会的なものなど、多くのものを信奉している。

価値観は規範に関連しているものの、もっと一般的で抽象的である。規範は、特定の状況での振る舞いに対する規則を提供するのに対し、価値観は人が何を良いものと判断し、何を悪いものと判断するのか、を決定するものだ。規範が、期待される行動や振る舞いの標準パターン、規則やガイドラインであるのに対し、価値観は、何が重要で時間を使う意味があるのかという無形の概念である。たとえば、祝祭日に国旗を掲げるのは規範であるが、それは愛国心を反映したものだ。あるいは、葬儀では暗い色の衣服を身につけ荘厳な振る舞いをすることは規範的な行動であり、それが尊敬と同情を表す価値観を示している。

人は価値観を形成し、それを時間とともに変えてきた。社会学者のモーリス・マッセイ[*1]によると、人は自分の価値観の大半を、3つの重要な期間に形成する。それは、インプリント期（誕生から7歳まで）、モデリング期（8歳から13歳）そして社会化期（13歳から21歳）である。あなたが暮らす社会で機能している特定の文化が、さらにあなたの価値観の成長を規定していくのである。

もしあなたの観察力が優れていれば、人々が口に出す言葉の内容に気づき、彼らが重要だと考える価値観についてヒントを与えてくれることがわかるだろう。たとえば、管理職の人が、仕事をきちんとこなして期限までに終え、いつも時間どおりにフォローをしている人を誉めるなら、この管理職は「仕事を期限どおりにしっかりやる」ことに高い価値を置いている、とのシグナルを送っているのかもしれない。

喜びと痛み：感情

過去20年以上にわたる脳神経科学の進展により、感情の科学に対して非常に大きな関心が生み出されてきた。専門分野の研究者が、人間の挙動を規制する感情の役割と重要性について、この20年間に多くの書物を出版してきた。感情が、多くの場合は無意識のうちに、私たちの生活の中での意思決定や行動を左右していることに、多くの人が気づいている。このことが特に当てはまるのはストレスとプレッシャーの高い状況下であり、そのときに人がきまって非合理的な行動をとるのは、恐怖や不安といった感情が行動につながってしまうからである。

感情は世界共通であり、興味深いことに、文化を超えて有効である。サンフランシスコに住む人は危機に直面したとき、東京やキンシャサに住む人と同じ感情を持つ。専門家によると、感情は進化の産物であり、それゆえ感情は多くの動物、少なくとも哺乳類とは共有していると考えている。19世紀後半に、チャールズ・ダーウィンは『人類と動物の感情表現』という書籍で、感情は人類と動物の間でコミュニケーションと生存を助けるために共通の働きをする、という仮説を書いている。[*2]

カリフォルニア大学のサンフランシスコにある医学大学院で心理学教授を務め、感情に関する研究の現代の開拓者であるポール・エクマンは、専門的キャリアの大半を感情の研究に捧げ、感情が世界共通の性質を持ち、地理的、文化的に共通で有効であることを証明した。エクマンもダーウィンと同様、感情の働きは進化の目的を助けるためであったと論じている。つまり、生存を助ける目的だ。たとえば、悲しみは助けを求める叫びである。誰かが苦しんでいることを告げ、他の者たちが力を貸したり、救出に向かったりする。恐怖は、私たちの動きを凍りつかせ、隠れさせ、あるいは逃避させ、それにより危険から保護してくれる。また、怒りは、私たちを攻撃する何者か、あるいは何かに対し、戦うための力とエネルギーを与えてくれるのである。[*3]

科学は、感情を区分するさまざまな枠組みを提供してくれるが、ここではエクマンの開発したものを使うことにしよう。考えつく限りの異なる文化での人々を研究した結果、彼はすべての人類に共通な基本感情を見つけ出した。それが、悲しみ、怒り、恐怖、それに彼が「楽しい感情」と呼ぶポジティブな感情である（楽しい感情は、他の3つの基本感情である悲しみ、恐怖、怒りほどにはよく研究されていないが、最近のポジティブ心理学の人気の高まりを考えると興味深い）。

私たちは同じ感情を経験するものの、その経験と密度は個人間で、またそれぞれの状況の間で大きく異なる。感情の経験の幅は非常に広く、たとえ片手に満たない基本感情の種類しかなくてもそうなのだ。各個人の感情経験であっても、「弱」から「強」までの連続線で示すことができる。たとえば、悲しいと感じるとき、人によっては「少し落ち込む」と表現するかもしれないが、別の人では「失望した」「気分が滅入る」「落ち込んでいる」「絶望している」「どうしようもない」「惨めな気持ちだ」など、多様な表現と度合いが存在する。あるいは、恐怖を感じた場合でも、人によっては「少々心配」「気になる」「不確定だ」「不安定だ」「不安だ」「怖い」「恐ろしい」「パニックだ」と多様だ。

また感情は、ときには「ポジティブ」と「ネガティブ」に区分され、後者には悲しみ、不安、怒り、嫌悪感などが含まれる。多くの人が、ネガティブな感情は効果のない、機能不全の振る舞いにつながるものだと考えており、ポジティブ心理学を信奉する学者が頻繁にそう主張している。

この主張は、極端で継続的な形態の、悲しみ（鬱病）、不安（極端な羞恥心や偏執狂）、および怒り（暴力的行動）であれば該当するであろうが、普通程度の強さのネガティブな感情下であれば、問題なく行動できる人には必要なものである（たとえば、思いやりのある行動を許容する、過剰に大きなリスクのある選択を避ける、危険には近づかないでおく、自分自身や他の人たちを守るために戦うなど）。

さらに、ネガティブな感情は、少々驚きをもたらすような人類の偉大さや進歩の源泉となることが多い。スティーブ・ジョブズは、普段一緒にキャンプをしていて楽しい人物ではなかったし、古代ギリシャの偉大な哲学者から現代の実存主義者に至るまで、その多くは問題を抱えた魂を持つ人物であった。それにフランス革命も、ポジティブな感情を持った楽観主義者によって引き起こされたものではなく、怒った人たちが道路に出て集まった結果引き起こされたのであった。

興味深いことに、マッキンゼーで最も成功する人たちの多くは「精神不安定な、要求をはるかに超える達成者（insecure overachievers）」だと、インサイダーの間では言われている。つまり不安感こそがそうした人たちのエネルギーの源泉であり、それが彼らを異常なほどの業績へと押し上げているのである。

端的に言えば、どういった感情も、良いとか悪いという判断はできない。どの感情も特定の目的に合致したものであり、通常の社会的、人間的機能を果たすうえで必須のものである。どういった感情であっても、役立ちうるし、もしそれが極端であったり継続的なものとなると、鬱病や偏執狂のような害をなすものとなる。

感情面の制御をマスターすることは、インスピレーショナル・リーダーにとり重要なスキルである。マスターするということは、感情の全レンジを活用できる能力を持ち、同時に、いかなる感情の極端な形態の犠牲にもならずにいられることである。

感情移入による探索

他の人の感情を理解するには、他の人たちの感情を認め、評価し、解釈する、感情および認識スキルが必要である。感情移入をするには、他の個人の視点から世界を客観的に見る能力が必要だ。それには、他人の靴を履いて歩く感覚を理解する必要はない。そうではなく、他の人に内在する動機づけの源泉と、その源泉を揺り動かす要素を感じ取り、その人とつながる能力が必要なのである。

そうするには、質問と探索というプロセスを使い、他の人が経験している動機づけの源泉に焦点を当てて、動機づけの源泉を動かしている文脈と課題が何かを探索するのである。

ここである状況を設定して、探索をどのように進めるのかを考えてみよう。

ハンスは人事コンサルタントで、クライアント企業の女性CEOウーラと会っている。ウーラは、「昨日、取締役会の会議があったの。ひどい会議だったわ。取締役たちが、私の作成したリーダーシップ人材継承計画のパイプラインでは弱いと言うの。本当に頭にくるわ」と言った。

あなたがハンスだとしたら、どう反応するだろうか？　何と答えるだろうか？

典型的な回答をいくつか見てみよう。[*4]

1.「取締役会がどのようなものか、わかっているでしょう。来週になれば、あなたはまた英雄扱いですよ」

2.「その人材継承計画の作成のお手伝いをしましょうか?」または、「それは大変でしたね」

3.「何が起こったのですか、詳しく話してください」または、「取締役たちがそう言ったのはなぜですか?」

4.「本当に頭にきますね……」または、「そうですね。そんな発言なら、頭にきますよね」

5.「そうですね、これまで取締役にはいつも頼ることができたのに、今あなたは自分の立ち位置がわからなくなっているのですね?」または、「あなたはこれまで取締役たちのためにやってきたのに、これでは我慢できませんよね!」

回答は、感情移入の度合いの上昇順(レベル1~5)を示し、すなわち5番目が最も感情移入の強い回答である。なぜか? それぞれの回答について検討してみよう。

レベル1. 最初の回答は、「そんなふうに感じてはいけません」というメッセージを伝えている。そうしたメッセージは、たいていの場合、好意から伝えられる。つまり、影響を与えられた人を安心させ、落ち着かせるためであるが、この回答は本質的に、ウーラの感情を受け付けず、影響を与える人の能力をひけらかすものである。

レベル2. 2番目の2つの答えは、問題を解決する、あるいは同情を示すものである。意図は良いものの、影響を与えようとする人は、影響を与えられる人の感情を受け入れていない。

レベル3. 3番目の回答の組み合わせは、もっと詳細な情報を求める、中立的な質問の形をとっている。こうした質問は、どんなふうに、なぜ、いつ、何を、といった言葉から始まる。3番目の回答は、状況の文脈に関する追加的な情報を得る一助とはなるものの、影響力を行使する人は、このケースでも相手の感情を共有していない。

レベル4. 4番目の回答の組み合わせは、感情移入型である。影響を与える人は、影響を受ける人、すなわちウーラの言っていることの底流にある1つの感情を抜き出している。こうした答えは、彼女が経験している感情を認めている。本質的には、「わかりますよ。私は、あなたの感じていることを感じているのです」と、影響力を行使する人は言っているのである。

レベル5. 5番目の回答の組み合わせは、非常に強い感情移入を構成している。影響を行使する人は、ウーラの経験が伝えようとしている幅広い感情に共感している。影響を与えようとする人は、彼女の話の文脈と感情を理解し、もっと幅広く認めているのである。

感情移入による探索は、上記のレベル4とレベル5の回答を使い、他の人が経験している心の中の動機づけ要因に的を絞り、それを引き起こす状況や課題を探索するプロセスである。影響力を行使する人は、上記レベル3のような質問を投げかけることもときにはあるが、感情移入による探索では、主としてレベル4とレベル5を使うことが求められる。

・通常の会話

ここで、この概念を具体的に示すために、2つの会話の流れを見てみよう。1つは普通の会話であり、もうひとつが感情移入のための探索を行うものである。

「昨日、取締役会の会議があったの。ひどい会議だったわ。取締役たちが、私の作成したリーダーシップ人材継承計画のパイプラインでは弱いと言うの。本当に頭にくるわ」とウーラが言った。
「でも、次期リーダーシップ・パイプラインは、弱くありませんよ。あなたはわかっているでしょうし、私にもわかっています。私たち2人で一緒に、幅広い検討をして作成しましたよね。私は、重要な役員の方々を個人的に知っています。みな、素晴らしい人たちですよ」と彼女のコンサルタント、ハンスが答えた。（レベル1の回答）
「そう言ってくださってありがとう。あなたの観点には感謝するわ。でも、会長の言った、私には人を見る目がないというコメントには腹が立つわ」と、ウーラは明らかに立腹した様子で言った。
「イライラしないほうがいいですよ。会長が誰のことを知っているというのですか？彼は、以前の組織でも人を選任していますが、とりたてて素晴らしい成績を残しているわけではありませんし。あなたの人選は素晴らしいと言う、私の言葉を信じてください。少なくとも私と同等なんだから」とハンスは答える。（再度、レベル1）
「そうね……、あなたの見方に感謝するわ。それにあなたの支持にも」
「あなたがやらなくてはならないことは何だと思いますか？　私の考えでは、パイプラインを見直して、これから4週間で、いろいろな候補について関連する事実を集めるのです。それが終わったら、取締役会に改訂版のプレゼンテーションをやりましょう。あなたはもう事実を集めているのですから、召集は可能です。もちろん当社も、お手伝いできます。それに、ご存じでしょうが、私は会長と取締役会のメンバーの何人かを、とてもよく知っています。ですから、そうした方々に話をして、あなたの改訂版人材継承計画のことを宣伝しておきますよ。どう思いますか？」とハンスは尋ねた。（レベル2の回答）

「そうね……。でも、確信が持てないわ。たぶんね。少し考えさせて。提案書を送ってくださる？」ウーラはそう言って、回答を待つ考えを示した。

・感情移入による探索の会話

同じ会話を、もう一度試みてみよう。今回は、ハンスが感情移入の探索アプローチを使ってみることにする。

「昨日、取締役会の会議があったの。ひどい会議だったわ。取締役たちが、私の作成したリーダーシップ人材継承計画のパイプラインでは弱いと言うの。本当に頭にくるわ」とウーラが言った。

「頭にくるって……？」ハンスは、ウーラの伝えたことから1つの感情を抜き出した。（レベル4）

「そうよ！　どれだけの作業を私たちが投入したか、わかっているでしょう。私が作ったのは、素晴らしいパイプラインよ。候補者全員について自分で評価し直したし、わかったことをすべて会長に伝えたわ。それなのに、この結果よ！　会長は、前もって警告もしてくれなかったし」と怒りを隠そうともせずにウーラが言った。

「この件では、苛立っていますよね？」とハンスは言った。再度、1つの感情を認めている。（レベル4）

「苛立ってるって？　そんなものでは済まないわ。私は怒っているの。会長は、取締役全員の前で、私の人を見る目に疑問を示したのよ！　そんなこと許せないわ」とウーラは、怒りがさらに募ってくるかのように言った。

「彼のためにやってきたすべてを考えると、裏切られたように感じるのは当然ですよね！」とハンスは答える。（レベル5）

「そうよ、そのとおりよ！　私は怒ってるし、彼に裏切られたの。彼は取締役会で私を批判したの。私は、取締役会のメンバーが私を間違った見方で見ていることに苛立っているの。これが初めてではないのよ。1週間前、会長は私の直属の部下の何人かに、私について否定的なことを話したの。後になって部下が教えてくれたのだけれど、すごく居心地の悪い感じだった。私と会長の関係はうまくいってないのよ。それが、大きな問題なの」とウーラは感情のつながりを感じ、少し冷静になった。

「このことが、あなたのCEOとしての有効性を危機にさらしていると思いますか？」とハンスが尋ねた。

「そうね。もし、このことが組織中に知られてしまったら、戦略を実施し、会社の業績を反転させるのが難しくなるし、そんな状況で仕事はできないわ。頭がおかしくなりそう！　本当に私は怒っているのだけれど、これを乗り越えなくてはいけないわね。私はこの会社を辞めたくないし、喧嘩もしたくないわ。会長との関係を改善したいし、そうしなくてはいけないの。私が何をしたらよいのか、助言をくれますか？」とウーラがハンスに助けを求めた。

「私は会長をよく知っています。彼と話をして感触を探り、何が問題なのかを見つけるというのはどうでしょう？　その後で、会長と直接話す機会を持たなくてはならないかもしれません」。ウーラが解決案を求めたので、ハンスはレベル2で返答した。

「それって、素晴らしいことよ！　どうもありがとう、ハンス。私の話を聞いてくれ、助けてくれてありがとう」とウーラは言った。

2つの会話を比べて、何か気づいただろうか？

まず、最初の例では、ハンスの会話が大半を占めていて、まず否定し（あなたの作った人材継承計画は弱くない）、ウーラの感情を否定し（あなたは苛立ってはならない）、そして解決案を提示している（人材継承計画を見直して……）。ウーラはあまり会話をしていない。

2番目の会話の例では、ウーラがもっと感情を率直に表現している。彼女は存在感を押し出し、感情によりエネルギーを放出しているが、その結果彼女は冷静さを取り戻し、ハンスの助けを探ることにつながった。重要なことは、彼女が話を聞いてもらったと感じていることだ（私の話を聞いてくれてありがとう）。

さらに重要な点は、ウーラの抱えている問題が発展し、変わってしまったことだ。ハンスが彼女の感情を認め、共有することにより、ハンスは本当の問題は人材継承計画ではなく、会長と彼女の人間関係にあることを発見した。ハンスは起こっていることに関して、実態を把握したのだ。人材継承計画の脆弱さは議論のきっかけとなった問題にすぎず、ウーラの問題の真の原因ではなかった。真の原因は、会長とウーラの人間関係がうまくいっていないことにあったのだ。

簡単にまとめると、感情移入のための探索は簡単だが強力なアプローチであり、それは感情を認識し、内在する動機づけを理解し、その背後にあるものが何かを完全に理解することである。それには、人物に影響を与えている事象を、幅広い文脈の中から見つけ出すことが必要になる。あなたがこのアプローチを試してみようという場合に役立つヒントを、いくつか教えよう。

◆練習、練習、練習

感情移入による探索を試みても、最初の数回は、自然にはできないなと感じるかもしれない。それは大半の人たちが、このアプローチを定期的に使っていないからである。他のどのスキルとも同様に、練習を繰り返さなければスキルは身につかない。しかしながらこの手法は、自分では不自然と思えても、リスクを伴うことはない。人は、話を聞いてくれる人がいると、誰でもそのことに感謝するものである。たとえあなたの言葉遣いが間違っていたり、間違った感情だと誤解したとしても、である。

◆簡単なレベル4から始めてみよう

感情移入による探索のレベル4は、比較的簡単にコツをつかめるやり方である。相手が会話で使った1つの感情を表す言葉を、単純に認め、それと同じ言葉を繰り返して使うのである。

もし相手が感情を表す言葉を口に出さなかったら、あなたのほうから、(1)相手がどのように感じているのかを訊く、あるいは、(2)相手の感じている感情だと推定できるものを、仮の質問として相手に投げかける（「怒っているの？」）。もしあなたの推定した感情が当たっていれば、相手とはすぐにつながることができるはずだ。違っていたなら、相手はおそらく訂正してくれるだろうし（「私は怒っているわけではないの、ただ……を恐れているの」）、あなたがおうむ返しで答えることを助けてくれるだろう。

◆さらに掘り下げよ

ときには、レベル4の質問をした後で、自分が状況をかなりよく理解できたと感じることがあるかもしれない。おそらく、それは当たっているだろう。だが、あなたが相手の気持ちと完全につながり、相手の感情をすべて探索し、相手が会話を切り替えて提案や勧告を求めてくる（つまり、レベル2を依頼してくる）までは、あなたは状況を徹底的に掘り下げたわけではない。

◆社会的に受け入れられるステレオタイプを受け入れるな

多くの人が、真の感情を「押し隠し」、代わりに別の感情を表すことがあり、場合によっては社会的に受け入れられやすいものを反映することがある。たとえば男性は、本当は不安を感じているのに、怒りを表現するほうが居心地がよいと感じることが多い。逆に女性は、本当は怒り狂っているのに、悲しみ（泣くことさえもある）を表現するほうが居心地よく感じる。探索をしばらく続けるほうが、水面下にある実際の感情を理解することにつながるだろう。

内心の動機づけ要因に働きかけ、行動に移す約束を取り付ける

インスピレーショナル・リーダーシップの第2ステップは、他の人たちに本気で実行するようになってもらうことであり、それには、心の中の動機づけ要因、つまり価値観や感情（116ページ、**図7-1**の中段の箱）に直接働きかけるか、心の中の動機づけ要因を駆り立てる要素（**図7-1**の下段の箱）を対象とする、もしくはその両方に対して同時に働きかける、の3つの方法がある。

心の中の動機づけ要因を変える：ロールモデルと感情の伝染

リーダーは、必ずしも個別の要素に働きかけなくても、他の人たちの心の中の動機づけ要因を直接変えることができる。ロールモデリングを通じて他の人たちに影響を与え

られるし、感情の伝染によって他の人たちの感情に触れることもできる。

ロールモデリング

リーダーがロールモデルとなって実例を示すことにより、他の人たちの価値観を変化させることである。これは「同一化」と呼ばれ、導かれる個人がリーダーの持っている特性、属性、または価値観を吸収する心理的プロセスを通じて起こる。一般的に言って、ロールモデルとなる人たちは、特定の個人がなりたいと望む社会的役割を果たしている。例を示すと、ファンがプロのスポーツマンや娯楽番組のアーティストをアイドル化し、そのまねをする現象である。

ロールモデリングという概念は社会的学習理論に基づいており、この理論によれば、人々は社会的な行動を、主に他の人たちの行動を観察し、まねをすることによって学ぶのである。[*5] たとえば、ある実験で1人か2人の人間が空を見上げると、そのそばにいる通行人たちが、2人が何を見ているのかを確認するために空を見上げることが観察されている。この実験は途中でやめられたが、それはあまりにも多くの人たちが空を見上げるようになり、交通を止めてしまったからである。[*6] もうひとつの例としては、アルバート・バンデューラのボボ人形の実験が挙げられる（この印象的な実験はユーチューブで見ることができる）。バンデューラは著名な心理学者であり、社会的学習理論の父と言ってよい学者である。１９７１年に彼が発表した研究成果では、大人が人形（ボボ人形）に乱暴な振る舞いをするのを見た子供たちは、大人が部屋を出て行くと自分たちが大人のまねをして、攻撃的な振る舞いをする傾向が強いことが示された。

ロールモデリングとは、他の人に振る舞ってもらいたいように自ら振る舞って実例を示したり、誰かと一緒に何かをやって見せたりすることで、特定の行動や振る舞いをするよう他の人たちに促すことである。

ロールモデルの典型的な表現としては、次のような言い方がある。

◆「私が似た立場にいたとき、私は……をしました」
◆「この……を丹念に教えましょう」

感情の伝染

リーダーは、他の人たちの感情を意識的に「伝染させる」ことにより、影響を与えることができる。

多くの研究者が、人々は互いの距離が近い場合には、いつでも感情が伝わることを示してきた。1981年、ハワード・フリードマンとロナルド・リッジオの2人の心理学者は、人々の間で互いに話さなくても感情が拡散することを発見した。[*7] 2000年には、ニューヨーク大学のキャロライン・バーテルとミシガン大学のリチャード・サーヴェドラが、幅広い業種の企業から70の作業チームを選んで調査を行ったところ、どのチームもミーティングの終了後2時間以内に、良いものも悪いものも含む双方の感情を共有していた。[*8]

こうした現象が起こるのは、感情の伝染、すなわち「ある個人またはグループは、別の個人やグループの感情や振る舞いに、感情の状態と行動や態度の誘導を通じて影響する」からである。[*9] 心理学者のイレイン・ハットフィールドらが開発した見方によると、感情の伝染は、他人の表情、発声、姿勢、動きの自動的なものまねと同期を取った場合に起こる、ようである。[*10] 人々が無意識のうちにリーダーの感情の表現をまねると、リーダーの感情を感じることができるのである。

感情は自動的に、無意識のうちに共有されるが（ハットフィールドとその共同研究者たちは、感情の伝染を、原始的、自動的、そして無意識のプロセスである、と説明している）、同時に意識的、意図的に共有される場合もある。それが、リーダーが自分の熱意によって他の人たちを確信させ、動機づける場合である。そうした場合、リーダーはポジティブな感情により、他の人たちの感情に電流を流し「伝染させる」のだ。

別の種類の意図的な感情の伝染には、ネガティブな感情を緩和するために、グループの人たちに報酬や報償を与えることがある。

ネガティブな感情とポジティブな感情のどちらが早く拡散するのかは、明らかではない。研究者の一部には、ネガティブな感情は一般にポジティブな感情よりも強く、素早い行動の反応を呼び起こすため、不愉快な感情のほうが楽しい感情よりも早く感情の伝染を引き起こす、という仮説を主張する者がいる。また、別の研究者たちは、ポジティブな感情のほうがより早く拡散すると主張し、リーダーが影響力を行使するときは、ポジティブな感情と態度の状態を維持するよう勧めている。[*11]

しかしながら、明らかなことは、感情が表出されるエネルギーレベルの密度こそが重要だということだ。エネルギーレベルが高いほうが注意を引き付ける度合いが大きいので、同じ感情（楽しい、あるいは不快）であっても、高いエネルギーレベルで表現されたもののほうが、低いエネルギーレベルで表現された場合よりも、多くの感情の伝染を引き起こすと考えられている。[*12] フリードマンとリッジオは、互いに知らない3人の人たちが向かい合って座り、何も言わずに過ごした実験で、3人の中で最も強く感情を表現する人が他の2人に感情を放出することを示している。[*13]

感情の伝染を用いるリーダーは、ポジティブな感情とエネルギーを活用して他の人たちを引き付け、活性化している。そうしたリーダーは、熱意、責任感、献身、それに情熱を見せる。インスピレーションを与え、ドキドキするような物語を話し、エキサイティングで力のみなぎるようなビジョンを描き、それ以外にも、達成されたこと、品質、またはその他の望ましい価値観について語る。

感情を伝染させるリーダーの使う典型的なフレーズには、以下のようなものがある。

◆「これはエキサイティングだ！」
◆「これはインスピレーションを与えられる。私たちは人類の生活を変えるのだ！」
◆「私たちは共に世界的なクラスの施設を築くのだ」
◆「私たちは、私たちの達成したことに誇りを持ち、力を得て進もう！」

内在的動機づけの要因に影響を与える要素

またリーダーは、他の人たちの心の中の動機づけ要因とつながり、動機づけ要因を操作する要素、すなわち感情の探索により発見した要素に働きかけることで、動機づけ要因を変えることができる。この手法は、影響を受ける人が経験している具体的な感情と文脈を前提に直接働きかけるため、さらに感情移入的なアプローチだといえる。

たとえば、インフルー社とジェームズに不満を持っているメアリーのケースに戻って考えてみよう。既に説明したように、彼女は一人ぼっちだと感じ、落ち込んでいる（感情）。彼女の欲求不満の原因は、家を空けていることの多い夫からも、もっと多くの科学者を採用する予算を承認してくれないジェームズからも（2つの要素）、十分な支援が得られないことである。もしジェームズが、こうした内面の動機づけを突き動かしている要素を理解したなら、彼は予算を承認したり、科学者を採用する支援を他の方法で行う、といったことをしたかもしれない。

彼女の感情を動かすための会話は、次のような例として展開する可能性がある。

「メアリー、何か心配事があるみたいだね」とジェームズが声をかけた。

「心配事ですって？　いいえ、私は心配なんてしていません。不満があるだけです」とメアリーは答える。

「不満だって？」

「そうです。みんなが私に何かを期待しているけど、誰も私を助けてくれない。夫が気にしているのは最新のプロジェクトのことだけで、私は家のすべてのことを一人でやっているんです。息子のうち2人は学校の成績が振るわなくて、私が勉強のサポートをしなくてはならないの。それに会社では、あなたは不可能なことを要求しながら、それをやろうにも手段をくれないんだから。あなたは素晴らしい科学者を採用しろとおっしゃいますが、人事部は何も手伝ってくれないし、あなたは予算をくれない！　だから、欲求不満になるのも当たり前でしょう？」

「メアリー、そうだったのか。気がつかなくてごめん。お宅のことは手伝えないけど、会社のことについては何かできると思うよ。科学者の採用の手伝いを私がしよう。それに研究開発費予算を増額しよう」

「本当にしてくださるの？」とメアリーが質問する。

「もちろんだよ。すぐに人事部に電話しよう」とジェームズが答えた。

「ジェームズ、話を聞いてくれて、助けを出してくれて本当にありがとう！　感謝するわ！」

いかに他の人が行動に移せるようにエンパワーできるか

インスピレーショナル・リーダーシップの第3のステップは、他の人たちが行動に移してから、自由に動けるスペースと自由度を提供することである。インスピレーションを与えるリーダーは、方向とガイダンスは与えるが、他の人たちに何をするべきか詳細に告げたりしない。インスピレーションを与えられ、やる気になったら、人は自分の意思に従って行動するものである。自分が経験している自分の価値観と感情に沿って、行動をとるのだ。

インスピレーショナル・リーダーシップを実行するには、意思決定を人々に委ね、説明責任を持たせ、彼らに問題解決、選択肢の決定、そしてリスクを取ることをさせるのである。

インスピレーショナル・リーダーが人々をエンパワーする行動で典型的に行うことには、次のようなものが含まれる。

◆背伸びした目標を設定する。
◆作業を委譲し、説明責任を持たせる。

◆タイムリーに建設的なフィードバックを与える。
◆メンタリングを行い、人を育てる。

＊＊＊

ここまでで、他の人たちにインスピレーションを与え、彼らが変わることを助けるためのアプローチを見てきた。しかし、すべての人たちにインスピレーションを与えることが効果的なのだろうか？　すべての人が、インスピレーショナル・リーダーシップに同じように反応するわけではない。人によってはインスピレーショナルな訴求に従う可能性が高いが、他の人たちにはもっとハードな、依頼や正統化といった戦術が必要かもしれない。では、あなたのリーダーシップ・スタイルを異なる人たちに対し、どのように調整すればよいのだろうか？　これが、次の探索課題である。

だが、その前に、ジェームズのケースに戻ってみよう。

CHAPTER 8

共感できるポイントを見つける方法

ジェームズとインフルー社の物語④

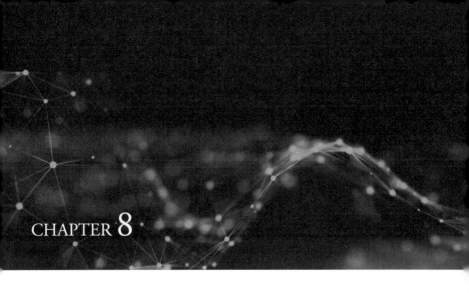

雪どけ

日曜日の夜、ジェームズはマーク・ジェンセン博士から渡された書類を読み終えて、書かれていたことについて考えてみた。キッチンに入っていくと、娘のリズが紅茶を入れようとしているところだった。彼はリズとの会話の続きを再開し、マークの書類に説明されていた概念を試してみようと心に決めていた。

リズがカップに水を入れ、電子レンジで温めようとしていたので、ジェームズは静かに話しかけた。

「エリザベス、さっききみが言ったことを考えていたんだ。明日は学校に行きたくないって、言ってたよね」

彼女は驚いたようにジェームズを見て、「エリザベスと呼んで……」と言いかけた言葉を飲み込んだ。そして笑いだし「とうとう、エリザベスって呼んでくれたのね……ありがとう」と言った。

ジェームズはリズと一緒に、くすくす笑いながら話を続けた。「僕は気になっていたんだ……。きみが少しイライラしていたようだったから」

「私が？　私は苛ついてなんかいない。私は不満なのよ、お父さん」

「不満だって？」

「ええ、不満なの。あのバカげた生物学の試験に備えてすごく勉強したのに、私は落第したの！　そのことで自分を責めていたのよ」

「キミの不満は理解できるよ……」とジェームズは言い、砂糖ポットを彼女に渡しながら「それでがっかりしているの？」と聞いた。

「いいえ、私はがっかりなんかしてない、少なくとも私の中ではね。すごく勉強したし。私は、パパとママにがっかりしてほしくないのよ。それで、追試について心配しているの。もうすぐなの」

「心配してる？」

「心配を超えているわ。追試も落第してしまうのではないかって怖いの。すごく勉強したのに、試験中にあがってしまい、考えられなかった。だから成績が悪かったの。私は答えがわかっていたのに！」

ジェームズは、「ふうん」とこだまを返すように彼女に言った。「きみは、いくら一生懸命勉強しても、また落ちるのではないかと怖いんだ」

「そのとおりよ！」

「それは大変だなあ」と彼は認めた。「何をやろうと思ってる？　何か計画はあるの？」

「わからないわ。しっかり準備して、試験のときにはストレスでつぶれないようにしなくては。どう思う、パパ？　家庭教師をお願いしたほうがいいかしら？」

「そうだね、それは効果があるかもしれない」と彼は同意した。「きみはどう思う？」

「そうよ、そうだわ。私も効果があると思う。家庭教師を探すわ。ジャクソン先生に、誰か教えてくれる人はいないか聞いて、何人かの名前を教えてもらったの。明日、電話をしてみるわ。……でもパパ、少し高くつくかもしれないわよ」

「いいよエリザベス、それが役立つなら。きみがもう十分に努力したのはわかっているし」

彼は一瞬黙り、彼女が助けを求めたことに応える、レベル2の実際的な回答はないかと考えた。彼女が紅茶を手に部屋に戻ろうとしたとき、彼は付け加えてこう言った。

「きみは、試験の最中にストレスが昂じてしまうということだから、今週か来週中に一度、模擬試験を受けてみてはどうかな？　自信がつくかもしれないよ」

「それはいい考えね、パパ。手伝ってくれる？」

「もちろんさ。今週から始めよう」

「素晴らしいわ。ありがとう」

「何でもないよ」

リズは歩き出したが、キッチンの戸口で立ち止まって言った。「パパ、」

「何？」

「聞いてくれてありがとう」

ジェームズは微笑みながら言った。「何でもないことだよ」

彼は、しばらく感じていなかった満足感を味わっていた。

感情移入を伴った質問の力

ジェームズは、感情移入による質問を、友人や家族に対して練習し始めたが、それは初めてのエリザベスへの試みが成功したことで、力を得たからである。

最初のうちは、感情移入による質問を行うことはジェームズには難しかった。他の人たちの感情に「入り込み」、探り出すことに、居心地の悪さを感じていたからである。この練習期間、ジェームズは毎週、ジェンセン博士のコーチングを受けていた。この練習セッションでは、ジェームズは感情移入による模擬質問を繰り返し、その後、彼が日々の状況の中で使ってみた結果について2人で話し合った。ジェームズが実際の状況で使うほど、感情移入による質問に違和感を覚えることもなくなり、自然な会話の一部となっていった（つまり、

CHAPTER3で説明したように、感情移入による質問をすることが、彼の「自動的システム」に保存されていったのだ)。

ジェームズは、感情移入による質問を使うほどに、他の人たちを突き動かすものが何なのかを深く理解するようになっていった。他の人たちの感情と、その下に存在するものが何なのかを、もっとよく理解できるようになったのである。ジェームズが心の中に描くインフルー社の他の人たちのポートレートは、輪郭が明確になり、より細密でカラフルになり、それぞれの差が明らかになっていった。

クウェンティンが元スキープレーヤーであったことを、彼は知った。クウェンティンは野心家であり、彼の計画に負けることは入っていなかった。だが、18歳のときに、彼はわずかの差でオリンピックへの出場機会を逃し、子供の頃からの夢であったプロ・スキーヤーへの道を閉ざされてしまったのである。今彼は、二度と負けないぞと心に誓っている。しかしながら、現在、彼の率いる部門が市場で勝つことは、目標にはなっていなかった。彼の野心の中でも、この局面ばかりはうまくいっていなかった。彼は良い人生を送っており、長期間共に過ごし、愛し合っているガールフレンドのクロエと、毛並みの美しい愛犬と、ハムステッドにある彼の自慢のアパートに住んでいた。たまに故郷の家に帰り、スキーをして週末を過ごしているのだが、彼は自分の率いる部門の進捗状況には苛立っていた。ときどきジェームズに対して苛立ちを示すものの、クウェンティンの怒りは、主に自分自身に対して向けられているようだ。彼は、自分が勝っていないことに腹を立てているのだ。

ジェームズは、メアリーについても多くのことを知った。メアリーは科学分野の教育を受けた医師である。科学者の家系に生まれ、彼女の母は大学教授で、父はノーベル賞を受賞した生物学者である。固定観念にとらわれないオープンな性格で、知的好奇心が強く、想像力もあり、良いアイデアをたくさん持っていた。両親と同じように、人々がより良い生活を送れるようになることを手伝いたいという高貴な精神に、彼女は駆り立てられていた。だが、彼女の熱意は冷めかけており、その原因の一部は、トップクラスの科学者を採用し、ヘルスケアに永続的なインパクトを生み出すという理想を、インフルーが達成できていないからであった。彼女は、帰宅したら業務上の心配事を忘れ、4人の10代の男の子たちの世話と、著名な作家であり文学を教える大学教授の夫のために専念しようとしていた。しかし現実には、自宅に帰ると彼女は妻であり、母であり、ボーイスカウトのリーダーを務めることに苦闘する毎日であった。

最後にジェームズは、何がヨーグを駆り立てるのかを知った。ヨーグは、自分の部門が積極策をとるのに必要十分な経営資源を会社が割り当ててくれないことに不満を抱き、苛立っていた。ヨーグが医療機器の業界に入ったのは、最初の妻をガンで亡くした後だった。大学を卒業したときの夢は、ドイツの自動車メーカーで技術者としてキャリアを築くことだったが、彼の初恋の人であり、中学・高校時代を通じて恋人であった妻が、数年前、ガンの誤診のせいで早世したのであった。このことが彼に大きなショックを与え、人生を変えてしまった。彼は自動車メーカーでの職を離れ、インフルーに入社したのである。彼はもう自動車を作りたくなかった。そうではなく、人命を救う製品にかかわる仕事がしたかったのだ。彼は、人命を危険にさらす病気と闘う、と決意しており、自分の率いる部署が望むような成果を上げていないことに苛立っていた。ヨーグは、彼がもっと早く経営資源を得ていたなら、部門の品質問題を改善できたのにと、今でもときどき不満を口にしている。

ジェームズは、他の人たちについて新たな発見と深い理解が得られたことで、本当の喜びを感じ始めた。それだけでなく、3つの事業部門の長を何が駆り立てているのかを理解するにつれ、それぞれの心の中の動機づけ要因に訴えかけ始め、そして影響を与える要素に触れるようになっていった。

3人が駆り立てられているもの

クウェンティンの内なる動機づけ要因は怒りであり、特に自身の部門で物事がうまくいっていない状況に対して腹を立てていた。彼の怒りを駆り立てる要素は、彼自身が行動志向であり、野心的で競争好きであることから来ており、彼が勝てていないことだった。クウェンティンは対立を個人的なものと考えがちなことから、日本人社長とその人物が率いる日本企業が、インフルーの市場シェアを奪っていると考えていた。ジェームズは、クウェンティンの怒りの矛先を変えさせるために、日本企業からの攻撃だと考える代わりに、アジアの競合を打ち負かすことに気持ちを転換させることに決めた。

メアリーは何より疲れ果て、欲求不満に陥っていた。メアリーは専門分野の研究者という男の世界の中で、女性として戦っていた。さらに彼女は、大学教授の妻という立場でも戦っていたが、夫は研究のため家にはめったに帰ってこず、たまに帰宅して家にいるときも、自身の思考の中に没入していることが多かった。彼女はまた、4人の10代の男の子の母親としても戦っていた。息子たちのうち2人は、学業の成績があまり良くなく、親として多大な注意が必要だったのである。

同時に彼女は、インフルーでの部門の業績回復に対して管理責任を負い、圧倒されながらも、自分一人でやらなければならないと感じていた。ジェームズは、彼女の状態は欲求不満と判断できる、とますます強く感じ、その原因となっている要素に対応しようと考えた。「きみがやらなくてはならないこと、対応しなければならないことのすべてを考えると、疲れてしまうに違いない。それに、誰の助力も得られなければ、欲求不満にだってなるよ」と彼はメアリーに告げた。「でも、僕もできる限り、きみを手伝うつもりだ。トップクラスの科学者を４人に絞り込んだよ。みな遺伝子系の学者だ。３人はアメリカ、１人はスイスにいる。４人全員と僕は電話で話したんだが、もし当社が彼らのために最新の研究施設を作れば、入社してくれると思う。研究施設については予算を出すよ」

ヨーグは達成と友情に価値を置く人間だ。同時に、彼はドラマのように、妻の死によって、死をもたらす病との闘いに人生を捧げようと決意していた。彼の内なる動機づけ要因は、彼が患者にとって大きな成果を実現したい、ということだった。何カ月か感情移入の質問を練習してきた今のジェームズには、ヨーグのやる気を引き出すにはどうすればよいのかがわかっていた。「きみの助力は、以前の業績転換のときに、それからその最中にも大きく依存し役立った。本当に大きな成果を生み出してくれた。これまで僕は、きみの友情に大きく依存してきたね。そのことにお礼を言いたい。ありがとう」とジェームズは伝え、続けた。「きみがやりたいのは、生命救助機器の分野に広く拡張することだよね。会長のカールと話したけど、私たちはそれで問題ないよ」

ジェームズは、彼のチームにますます信頼を置き、自信を持つようになっていた。クウェンティン、メアリー、それにヨーグは、ますますやる気になっており、気迫が感じられたからだ。3人とも、ジェームズが話を聞いてくれると感じ、自分たちが苦労して戦ってきた課題に対応した援助をしてくれている、と感じたのである。

＊＊＊

しかしながら、ジェームズのチームのやる気の向上とは裏腹に、インフルーの状況の展開は、彼の期待したようには進まなかった。

PART III

Targeting Inspirational Appeals

どんなインスピレーションに狙いを定めるか

CHAPTER 9

「彼らはきみの退職を望んでいるよ」

ジェームズとインフルー社の物語⑤

失敗の対価

「僕は、もうすぐクビになるよ」

ジェームズは居間のソファーに座り、時計の針が金曜の夜から土曜日に移っていくのを見ていた。何時間もの間、同じ考えが頭を巡り、心配のあまり死にそうな気持ちだった。彼が心配していたのは、翌週の取締役会で何が起こるのだろうか、ということだった。外は雨で、真っ暗闇となっているために、家の大きな窓からロンドンの灯りも見えないほどだった。子供たちは眠りにつき、ジョアンはジェームズをなだめようとしていた。

彼の動揺を考え、彼女は小さな息子のマックスを悩ましているアレルギーのことは、口にしなかった。春になってマックスの花粉症がひどかったのだが、ジョアンは子供の問題はいつでも自分ひとりで対応してきていた。そういったことに割く時間も、ジェームズにはなかったからだ。

彼女は夫のほうを向いて、安心させるように言った。「クビになんかしないわよ。もちろん、そんなことないわ。だって、意味がわからない。この数年間、あなたのしたことは素晴らしいわ。あなたでなければ、インフルーの業績は今のようになっていないわ。あなたもわかっているでしょう？　取締役会もわかっているわよ」

「それはそうなんだけど、取締役会から、シンガポールの大失敗には結果が伴うと言われたんだ。それに、あれだけの大きな投資をする場合には、事前に取締役会に相談しておくべきだ、と言われたんだ」とジェームズは答えた。「たしかに、そうするのが正しかったかもしれない。結果的に、ひどいことになってしまった」

「どちらにしても、そういったことは、ビジネスにはつきものよ。それに、これはあなたがCEOを引き継いでから初めての失敗でしょう。取締役会も、あなたを譴責にするか、さもなければ、最悪、今年のボーナスを払わないということにはなるかもしれないわね。でもあなたをクビにするなんて、ありえない」

「しかし、そう言ったんだ」

「そうだとしても、別に悲劇じゃないわ。何か仕事は見つかるわよ。別の会社でCEOの仕事を見つければいいじゃない。心配いらないわ」

状況は完璧なはずだった

だが、ジェームズの心配はおさまらなかった。

ほんの1週間前まで、ジェームズの世界は完璧だった。彼は絶好調だったのだ。彼はマネジメント・チームの全員をやる気にさせ、会社は成長軌道に戻っていた。

クウェンティンはアジアの競合たちを抜き去り、安定したリーダーにと戻っていた。彼は、戦略策定でのジェーンとの共同作業の残業すらも楽しみ、いくつかの良いアイデアを提案していた。メアリーは空席だった研究施設のトップ・ポジションを優れた人材で埋め、まだ何人か、ブレークスルーを遂げられそうな著名な研究者を探していた。そして、ヨーグは今でも忠実な友人だった。彼のチームは真のイノベーションを果たし、インフルー社の医療機器の品質を再建した。そのうえ、患者が自分で医薬を投与するために使う自動機器を製造している、小さな企業の買収も完了していた。

そして、ジェームズは彼にとって重要な相談相手となったマーク・ジェンセンとも頻繁に話をしていた。

ところが、会計監査人が危険を知らせる赤旗を揚げたのである。それは昨日の朝、会長のカールの事務所で起こり、その場にジェームズもいた。そして、午前中に開かれた緊急取締役会で、監査チームがインフルーのシンガポール・オペレーションの監査結果を発表したのであった。シンガポールの帳簿には、現地管理職何人かのせいで数百万ドルの、使途不明の欠損があることが明らかになったのだ。そのためインフルーは前四半期の業績を修正申告しなければならず、15年ぶりに初めて、四半期利益が減少することになったのだ。

会長のカールは怒り狂った。彼は、ジェームズがシンガポールの管理職の人選と投資を勝手に押し通し、会長や取締役会には十分相談しなかったと主張したが、それはある意味、正統なものであったのだ。失敗したことが、ジェームズにはわかっていた。

「きみの処遇については、来週の取締役会で話そう。これは信頼の問題だ。取締役会の同僚の何人かは、裏切られたと感じて怒っている。きみの退職を求めているんだ」と会長のカールは、監査人のプレゼンテーションが終わってからの取締役たちの討議の直後、ジェームズに向かって怒鳴った。

その瞬間、彼は胃に石がつかえたように感じ、頭の中が真っ白になった。ジョアンがよく知っているように、カールは常にジェームズのメンターだった。彼がジェームズをインフルーに誘って雇い、育成してきたのである。ジェームズには、もし自分がカールからの尊敬と支援を失ったなら、自分は終わりだとわかっていた。

眠れぬ夜

ジョアンとジェームズは美味しいボルドーの赤ワインを飲みながら何時間も話し合い、彼女が提供できる限りの慰めの言葉をジェームズにかけた後、ジョアンは階段を上って眠りについた。彼女の最後の提案は、ジェンセン博士にミーティングをお願いして、ブレーンストーミングをすることだった。

ジェームズはソファーに座ったまま、窓の外の荒涼とした暗闇を見つめていた。カールの言った言葉が、頭の中にこだましていた。「きみには、退職してもらいたいと考えている」

家族も別の土地に引っ越さなければならないかもしれない。ジョアンが苦労して暖かく、優雅に仕上げた家を、売らなくてはならないかもしれない。英国の不動産市場は、とても好調とは言えない状況だから、家を売れば大きな損失が生じるかもしれない。そうなれば、何もかもグシャグシャになってしまうだろう。それに、ジョアンはリズの問題には触れなかったが、安定と安全が非常に必要な10代にとって、引っ越しは絶対に避けなければならないことだった。仕事のことを考えていたときには、思いもしなかったのだが……。ジェームズには、非協力的で不機嫌な子供が、非協力的で不機嫌な取締役会とまるでダブっているかのように思えた。ただ1つだけ違うところは、取締役会については、彼にも理解できた点だ。

「彼らはきみの退職を望んでいるよ」

自分は、またCEOの地位で転職できるだろうか？　シンガポールの大失敗は、たしかにひどい状況だ。自分には、転職そのものが可能なのだろうか？

午前1時が過ぎ、2時が過ぎても、ジェームズはまだ居間のソファーにいた。暗闇の中で一人ぼっちで、彼の頭の中をさまざまな考えが駆け巡っていた。交渉相手や、辛らつな供給先業者、それに不満を持つ幹部にも、恐れを知らず機嫌のよい顔を見せていたジェームズだが、今となってはこれから何が起こるのか気がかりでならなかった。ジェームズは、あたかも彼の血液も体重も、突然なくなってしまったように感じ、これまでになく弱気になっていた。彼の感情は、最悪の事態を考えて、下降スパイラルをたどっていた。

とうとう彼は、身体をベッドまで運んで横になり、ジョアンの言ったことが正しいと認めた。自分には助けが必要だ。ジェームズは携帯電話をベッドの横にあるチャージャーから取り上げ、マーク・ジェンセン宛てにショートメールを送り、灯りを消した。

助けを求めて

翌朝、眠れない夜を過ごしたジェームズは、疲れ切ってコーヒーを飲んだ後、マークから届いた「待っている」というメールを手に、シティの近くで風格のある古い家の一室の、心理学者の事務所でのミーティングに向かった。

飛行機の中での偶然の出会いから、2人はよく会って話していた。その間にジェームズは、マークがすごい経歴を持っていることを知った。オックスフォード大学で博士号を取った後、ハーバード・ビジネス・スクールで博士号を取得し、プリンストン大学でリーダーシップをしばらくの間教え、英国に帰国してロンドン・スクール・オブ・エコノミクスの教授となっていたのだ。現在は、学術論文を書きながら、リーダーシップに関するコンサルティング活動を行い、後者の活動はさらに、セミナーでの講演、出版、それにエグゼクティブ・サーチへと分岐していた。彼の会社は非常に好調な成長を遂げていた。

「やあ、マーク、今日は時間を割いてくれてありがとう。お忙しいことはわかっているし、急なお願いで申し訳ない。でも、僕はパニックに陥っていて、時間を割いてくれたことがとてもありがたいんだ」

「大丈夫だよ、ジェームズ。計画を立てたり、思考のための時間として、1日の始まりは時間を空けてあるんだ。何があったのか、話してくれないか」

ジェームズはできるだけ心を落ち着かせ、取締役会との間で何があったのかを説明した。

「僕は大失敗をしてしまったんだ。会社に大きな損害を負わせ、カールを怒らせた。会長なんだが、前にも話したよね……。そのため、近いうちに新しい勤め先を見つけなくてはいけなくなるだろうと思う」

「そうなのかい。そうなるときみにも、家族にも、大きなストレスだね」

「そうなんだよ。家族にも大きな重荷になるのがわかる。それに、僕が気にしているのは、社長レベルの職に就けるかどうかなんだ」

「きみは、それが心配なのかい？」

「そう……。僕のは、ただの心配以上だと思う。僕は、インフルーをクビになったら、次に良い仕事が見つからない気がして怖いんだ」

「うーん……、そうなのか。仕事探しについて話してもいいよ。でも、現状についてどう対処するのかを話そうよ。きみがクビになると、どうしてそう思うんだ？」

「そう言われたんだよ」

「取締役会が本当に言ったのかい？」

「えーと、それに近いね。カールが、次の取締役会でシンガポールの大失敗の結果について話すと言ったんだよ」

「なるほど。でも、きみの話を聞いても、少し納得がいかないんだ。つまり、シンガポールでの失敗を理由にきみをクビにするというのは、少なくともおかしいことだと思うんだ。それが大損害だというのは理解できるよ。でも、インフルーは大企業であり、損害のインパクトは、ほんの1、2四半期で回復できるだろう。きみは警告書か譴責書を受け取るのがせいぜいだと思う。それが懲戒解雇だって？　状況をもう少し詳しく話してくれないか」

「もちろんいいよ」

取締役会との関係は良好だった

「まず、取締役会のことから整理してみよう。取締役会の中の誰が、きみを退職させたがっているのかな？」

「そうだなぁ、僕は取締役会のほとんどのメンバーと良い関係を持っている。でも、会長のカールが取締役会のメンバーを支配しているんだ。彼は僕のメンターでもあり、僕の前任者で、１９９０年代に今のインフルーを創った人だ。彼は、取締役会の他のメンバーからとても尊敬されている。今になって考えてみると、僕の退職を本当に願っているのはカールだと思う。これは、専門的にも、個人的にも、僕にはきつい逆転劇だなあ。もしカールの支持がなければ僕は終わりだし、それに心も傷つく。僕たちは親しかったんだ。でも、心の奥では……。ひょっとしたらカールは、シンガポールで起きた僕の失敗を喜んでいるのかもしれない。おかしいかもしれないが、そういうことはないだろうか？」

「なぜそう思うんだ？」

「そうだなあ、僕たちの関係は、この1年かそこらで、どんどん緊張したものになってきたんだ。昨年の取締役会で、カールは何度か僕のことを批判した。あまり大した理由はなかったのだけれど」

「僕は、きみとカールはうまくやってると思っていたよ」

「僕だって、そう思っていた。以前はこんな感じではなかったんだ。よく気遣ってくれて支援してくれる、父親のような存在だったんだよ。実際、彼が僕を採用してくれたんだ。彼がCEOの地位を降りるにあたっては、僕を後継者として取締役会に提案してくれたんだ。彼は専門家としての最後のキャリアとして会長職に集中したいと考え、僕がインフルーのオペレーションを率いる理想的な候補だと思ったんだ。カールはこれまで僕を保護してくれたけど、今回はそれも終わったみたいだ。彼はエゴイスティックで、我慢強くなくなり、一緒に仕事をしていても楽しくなくなってしまった」

「彼は、なぜ変わってしまったのだろう？　彼を動機づけているものは何だ？」

「僕にはわからないなあ、マーク……。本当にわからないよ」

カール・エグゼター会長

「カールのことを説明してくれないか？」

「えーと、今63歳でもうすぐ64になる。既婚者だが子供はいない。彼は、ほぼすべてのキャリアをこの医療機器業界で過ごした。彼がインフルーに入社したのは40代半ばのことで、インフルーは当時、小さく目立たない会社だった。創業者のブライアン・ウォルシュが亡くなったばかりで、彼の家族が、急速に成長する競合の中堅管理職だったカールを、インフルーの経営者として採用したんだ。

カールがCEOだった20年間で、彼は会社の規模を30倍にした。よく知られているように、彼は大胆でリスクを伴う買収をいくつか実施し、その結果この業界の統合を促進したんだ。その間に、インフルーは紛れもない業界のリーダーとなり、カールは業界で最も尊敬される経営者になった」

「すごいね」と言って、マークは続けた。「彼についての文脈をもう少し話してくれないか。彼は63歳だね。いつ引退するのかな?」

「2年以内だ。会社の内規によれば、取締役会メンバーは65歳を超えてはならないことになっている」

「引退後、彼は何をするつもりだろう。何か彼の計画はあるの?」

「知らないなあ。仕事以外に、あまり興味を持っていることはないみたいだね。事実、彼は無趣味だと思う。奥さんのリリアンと一緒に世界一周旅行をするという話をすることはあるけど、誰も信じていないよ。夫婦関係はうまくいってない。このことは、報道されてもいる。配偶者も招待されている会社の行事に、彼は1人で来ることが多い。それに、奥さんが来たとしても、2人は互いに口をきこうとしないし」

「ふうん。もっと話してくれるかな。彼の価値観は何?　何が、彼にとって重要なことだろう?」

「彼は、とても野心的だなあ。彼は、管理職に高い目標を与えるよう、いつも議論する。そして自分自身にも、いつも高いバーを設定している。彼は、会長になってからも一生懸命仕事をしていて、満足することはめったにない。あまりないことだけど、カールが機嫌よくしているのを見るのは、交渉した買収案件を成功させたときくらいかな。彼は非常に強硬な交渉をするんだ。交渉に勝つことが、おそらく彼にとっていちばん大切なことかな」

「なるほど。他には何か？　彼の性格を説明するとしたら？」

「彼は寡黙な人だ。自分自身や私生活、それに自分の意図について話すことはけっしてない。彼は、自分が何を考えているのかをけっして口に出さない。だから、彼が何を望んでいるのかを理解するのは難しい。彼には子供はいないし、多くの友人も趣味もない。ただ、他の上級役員とのネットワークを作るために、たまにゴルフをするけれど、彼に本当の友人がいるかどうかはわからない。彼はロンドンのシティの金融街では有名人であり、格式高い２、３のクラブのメンバーになっているけど、彼が仕事以外で行くのは見たことがないなあ。彼は、大勢の人がいる所は嫌いだと思う」

カール会長の人間関係

「オーケー、彼は内向的な人のようだね。それと、きみは、彼が自身の感情を語ることはほとんどない、と言ったね」

「彼が自身の感情について話すのを、一度も見たことがないよ！　あのジョアンでさえも、彼から話を引き出すことはできなかったのだからね。彼女は、彼が会長になった日のこと、人生最大の達成の日を覚えているか、そしてどう感じたのかを彼に尋ねたけど、彼からは何も返答がなかったんだ。きみもジョアンを知っているだろう。彼女は岩ですら軟らかくしてしまう人間だよ。カールの奥さんのリリアンは近づきにくい人だけど、ジョアンは彼女ともうまくやっているよ」

「感情についての話だけど、カールとインフルーの他の人たちとの人間関係は、どうなんだろう？」

「二進法だね」

「どういう意味かな？」

「1か0。つまり彼は、誰に対しても好きか、嫌いかのどちらかだね。好きな場合は、その人たちが大きな失敗をした場合でも、かばうんだ。彼が保護した人たちの中には、彼と長い期間、共に働き、彼を尊敬し、忠実な人たちがいる。彼は、そうした尊敬や忠誠をとても大事に思っており、重要視しすぎるくらいだよ。ときどき、彼がどういう考えでその人たちを選ぶのか、わからなくなるくらいだ。一部の人たちは、能力がない、本当の負け犬だけれど、彼はそんなことに気づかないようなんだ」

「では、彼が嫌いな人たちには、何が起こるのかな?」

「彼は嫌いな人たちに対しては、たとえ小さな失敗であっても批判するし、会社での生活を惨めなものにしてしまう。彼は、標的を定めたら、相手が退社するまで続けるね」

「彼は、今それをきみにしているのかなあ? だとしたら怖いね」

「あっ、そうか。ぴったりだ。それだよ! 彼が今、僕を扱うやり方は同じだし、僕が感じているのもそれだ。恐怖を感じているんだから」

「うーん……」

「何だい?」

「今のきみの話と、カールについての説明を聞いて、」とマークは言い、一息入れてからこう続けた。「何が起こっているのかについて、仮説ができたよ」

「仮説だって?」

マーク・ジェンセン博士の仮説

「そうだ、仮説だよ。でも、きみは驚くかもしれないね。まあ、僕の話を聞いてくれ。僕の見方では、カールは困難な局面にいるのかもしれない。彼は、大きなプレッシャーに直面しているに違いない」

「カールがプレッシャーを感じてるって？　冗談だろう？　困難な局面にいるのは、僕なんだよ！　カールが困難な局面だなんて、どうして言えるんですか？」

「ジェームズ、この状態を彼の視点から考えてごらん。カールは、無視してもいいような町工場を、巨大な産業界のリーダーに変身させたんだよ。彼はもうすぐ引退するが、その後についてては何も期待できるものがないように思える。冷えた夫婦関係。子供はおらず、孫もいない。友達はいないし、何の趣味もない。それに、現実はもっとひどいのかもしれない。それなのに、きみが彼の赤ちゃんを取り上げようとしている、と彼が感じているということはないかな？　インフルーは彼の唯一の『赤ん坊』なのかもしれない。最近きみが達成した成功について、誰もがきみのことを話題にしているね。最近の新聞や雑誌で、彼の名前が出ている記事を僕は見ていないし。彼の目から見れば、彼が一生をかけて達成したもの、彼の遺産を、きみが彼の手からまさに取り上げようとしているように見えるのではないかなあ？　そんなときに、きみはシンガポール事業の失敗できつい蹴りを入れたし、その結果、彼の遺産を傷つけた。そのうえきみは、彼に相談せずにやったと認めているし……」

「ああそうなんだ、マーク！　そんなこと、まったく考えもしなかったよ。僕は、自分の視点からだけで考えていた」とジェームズは認めた。

「ジェームズ、僕たちはみんなそうさ」とマークは同意した。「カールにとってインフルーの業績は、今現在の重要な問題なんだ。彼が重要だと考えているものは、達成だときみは言ったよね。おそらく、これをわかるのは難しいんだが、彼はどちらかと言えば内向的だが、知的それに感情的には、彼は引退には近づいていないのではないかな。彼にとってインフルーがどれだけの意味を持つのか、彼がきみに話したことはなかったよね？　遺産としても？」

「ないね。一度も」

「それに、彼は攻撃的だと思える」

「攻撃的だって？」

「攻撃的な人間は、通常、怒りの感情を抱きがちな傾向にある。そういう人は、簡単に苛立ち、怒るんだ。そういう人はまた、通常、野心的なんだ。リスクを受け入れる傾向があり、起業家で物事を築き上げる人だ。交渉事、対立、そして競争を好む。実際そういう人たちは、世界を戦場に見立て、他の人たちを味方か敵かと判定する。そうした『黒か白か』という視点が、きみの言った『二進法的』ということなんだよ。友人が忠実である限り、彼らは友達を守り、保護する。そうした人は、敵と戦う。そうした人が好きではない人たちは、一緒にいるときには、そうした人からの敵意を感じることが多い。攻撃性に関しては、微妙なものは何もないんだ」

「そうだよ、きみの説明は彼にぴったりだ」

「もしそうだとしたら、彼はきみに対して怒っており、ただシンガポールでの失敗だけでなく、もっと深い怒りだということかもしれない。インフルーの最近の業績回復について、彼の功績と結び付ける人はまだ誰もいないように思えるんだ。みんながきみの功績だと考えている。ところが今や、このシンガポールの失敗は、彼のせいだと取締役会から責められるのではないかと、たぶん彼は感じているんだよ。彼はきみのメンターだし、きみは彼が選んだ後継者だ。ところが、きみは彼の『赤ん坊』、彼の唯一の人生をかけた達成物を盗もうとしており、傷つけようとしている。彼は怒り心頭に発しているんだが、そのことを口に出さない。それというのも、彼は自分の感じていることを言わないし、あるいはそう考えていることを自分でも認めたくないのかもしれない。シンガポールの失敗を、彼はきみへの仕返し、そして退職させる機会だと見ているのかもしれないな。それに、また別の考え方もあるぞ。これは彼にとって、危機に立ち向かい、もう一度インフルーのヒーローとなる、最後のチャンスかもしれないなあ」

＊＊＊

ジェームズは深く息を吸い込み、言った。「なんてことだ！　僕は、この状況をそんなふうに考えたことは一度もなかった。僕は、最近の業績向上に対して寄せられる賞賛や誉め言葉に舞い上がっていて、彼の疎外感が高まっているのに気づかなかった……。自分がバカだと思うよ！　僕は彼に、これまでのことについて謝りたい気持ちだ。カールを傷つけたり、かやの外に置こうなんて思ったことは一度もないんだ。彼は、僕をすごく助けてくれたんだ。実際、彼にあらゆる側面で世話になったし……」ジェームズは口ごもり、黙ってしまった。

それからマークにこう尋ねた。「じゃあ、今何をすればいい？」

「そうだね。ここで一休みして、全体を考えてみよう。明日また会って、とりうる行動の可能性を話し合わないか？　その間に、きみの準備の助けになると思うから、僕の書いた論文、WAPLを読んでおいてくれないか。これは、What Are People Like?（どのような人たちか？）というタイトルの便利な略号さ。これは、他の人がどういう状況なのかを診断するための、いくつかの質問で構成されているんだ。少し前に私が開発したんだが、きみの役に立つかもしれない」

「わかった。明日会おう。僕も考えなくては……。この論文は、今晩読むよ。この大きな問題が個人的なことだとは……」

ジェームズに論文を渡しながら、マークは言った。「すべてが、個人的なことなんだよ」

CHAPTER 10

人の感情と心理的力学の分析法

マーク・ジェンセン博士のWAPLフレームワーク

マーク・ジェンセン博士の論文、WAPL（What Are People Like?「どのような人たちか？」）フレームワークは、ナイジェル・ジャクソンという人物の小さなケース・ヒストリーから始まる。

＊＊＊

ナイジェル・ジャクソンは、素敵で、控えめで謙虚な一家に生まれた。彼の父は、地元の自動車メーカーの製造工場で管理職をしていた。彼の母は、専業主婦であった。ジャクソン家の人たちは、信仰心に篤く、他の人たちの世話をし、謙虚で冷静であることに価値を置いた振る舞いを心がけ、感情を表出したり、目立つ行動をとらないようにしていた。

ナイジェルが誕生すると、一家はこうした価値観を一人息子に教え込んだ。だが、ナイジェルは違っていた。彼は非常に英才であり、学年では1番の成績を収め、学校一のスポーツマンであった。彼は背が高く、ハンサムで魅力的だった。当然のことながら、彼は学校の中でも目立っており、女生徒からも注目を浴びていた。ナイジェルは勝者であり、生まれついてのリーダーであった。その結果、彼は成長するにつれ、振る舞いを変えていった。彼は、自分の優秀さを示すことに喜びを感じるようになり、あらゆる種類の競争に勝ち、相手を軽視した。

彼は感情的で、傲慢で、横暴だった。彼は自分が強いライオンのようだと感じていた。ところが、16歳になったとき、ナイジェルはガンだと診断された。若さと全身の運動能力の高さから、彼が体調の変化に気づいたのはガンがかなり進行してからだった。診断が遅かったため、しばらくの間、ナイジェルは死ぬのではないかと思われていた。彼は両親と一緒に、よく教会に行き、彼の病状の回復と救済を祈った。ナイジェルは無意識のうちに、彼のガンは、それまで他の人たちを支配し、自分が意地悪で傲慢だったことへの罰である、と考えるようになっていた。

やがて、奇跡的と思えたが、彼は死亡することなく回復した。そのとき、彼は別人のようになっていた。彼は気持ちの良い、人の面倒を見て、常に冷静で、いつも高望みはせず、目立たない人間になっていた。リスクを極端に避け、何があっても競争や喧嘩を避けるようになっていた。時が経つにつれ、以前の元気な、アスリートでリーダーだったナイジェルを覚えている者は、誰もいなくなった。彼はただの、昔から良い人のナイジェルであり、群集の中に埋もれていったのである。

ナイジェルは大学に進学し、若くして結婚し、2人の子供に恵まれ、かなり良い生活を送っていた。彼は会計係として、きちんとしたキャリアを積んでいた。だが彼はよく、完全に幸福だとは言えないと口にし、ときには退屈だとこぼした。なぜかはわからないが、彼はリーダーに引き付けられ、リスクを取り、競合と戦い、勝った人間に魅了されていた。そうした人たちを彼は深く尊敬したが、なぜそうするのか説明することはできなかった。

以前、妻のアニーと話しているときに、彼は自分のことを、檻に閉じ込められたライオンのようだ、と説明したことがある。彼女は何度か、もっとリスクを取り、職場で自分の意見を通し、リーダーとしての役割をもっと果たすよう勧めた。特に、彼が会社のCFO候補となったときには、強く勧めた。その勧めに彼はやや同意したようだったが、何も行動をとらなかった。彼にはなぜなのか説明できなかった。ナイジェルが目立とうとしたことは一度もない。彼にはそれが、正しいことだとは思えないからだ。

＊＊＊

私たち一人ひとりには、ナイジェルのような物語がある。私たちには一連の状況や出来事があり、それが個人としての私たちを形作っている。そうした一連の状況や出来事が、私たちの内在的オペレーティング・モデル、一連の信条、ルーティンとして刻み込まれ、私たちがどのように振る舞い、人生の経験を重ねていくのかに影響を与えている。個々人の内在的オペレーティング・モデルは、私たちそれぞれに固有の根底にある一組の前提、それと並存する知的および情緒的パターン、すなわちルーティンから構成されている。

ナイジェルの根底にある前提は、彼が目立った行動をとる、すなわち、他の人たちを押しのけて勝利しようとすると彼は罰を受ける、ということだ。彼の知的、情緒的ルーティンは、他の人たちを指導し、リスクを取ろうとすると、居心地の悪さを感じるようになってしまったのである。その結果、彼は行動しなかったのだ。たとえ彼が、ときには他の人のようになり、勝者となりたいと思ったとしても、彼は「人のすべきこととして」、控えめで、謙虚で、感じの良い人として振る舞ってしまうのである。これは合理的な行動ではないが、単純に彼は、他の行動をとれないのである。

ナイジェルと同じように、私たちの内在的オペレーティング・モデル、すなわち根底にある前提と私たちの思考および情緒のパターンは、大半がまだ無自覚的である。ところが、ナイジェルの例に見たように、私たちの日々の生活の中の振る舞いに、強力な影響を与えている。だが、それが私たちの行動に影響を与える要素のすべてではない。

私たちの振る舞いは、数多くの他のものに影響されている。私たちの文脈が最初に挙げられるだろう。特に、私たちが何を達成しようとしているのか、および他の人たちは何を自分に期待しているのか、といった文脈である。さらに、自分自身の知識、経験、およびスキル（私たちの得意なこと）はまた、私たちが毎日どのように振る舞い、協力し、交流し、仕事をするのかに影響を与える重要な要素である。[*1]

本章では、なぜ人々が現状の振る舞いをするのか、を理解することに焦点を当てよう。このことを頭の隅に入れておけば、あなたは人の心を読むことがうまくなり、どのような人物なのかを理解し、どのような振る舞いをするのか予測することもできる。

まず、ＷＡＰＬの枠組みを用いることにしよう。この枠組みは、科学的な基礎に立脚し、既によく証明された概念やツールを組み合わせたものである。ＷＡＰＬでは、人間の振る舞いに影響を与える４つの重要な要素ごとに、いくつかの質問をまとめている。その４つの要素が、振る舞いや行動の文脈、知識と過去の経験、スキルと能力、それに内在的オペレーティング・モデルつまりマインドセット（思考様式）である。短く言えば、文脈、ノウハウ、スキル、それにマインドセットである。

図10-1　WAPLの枠組み

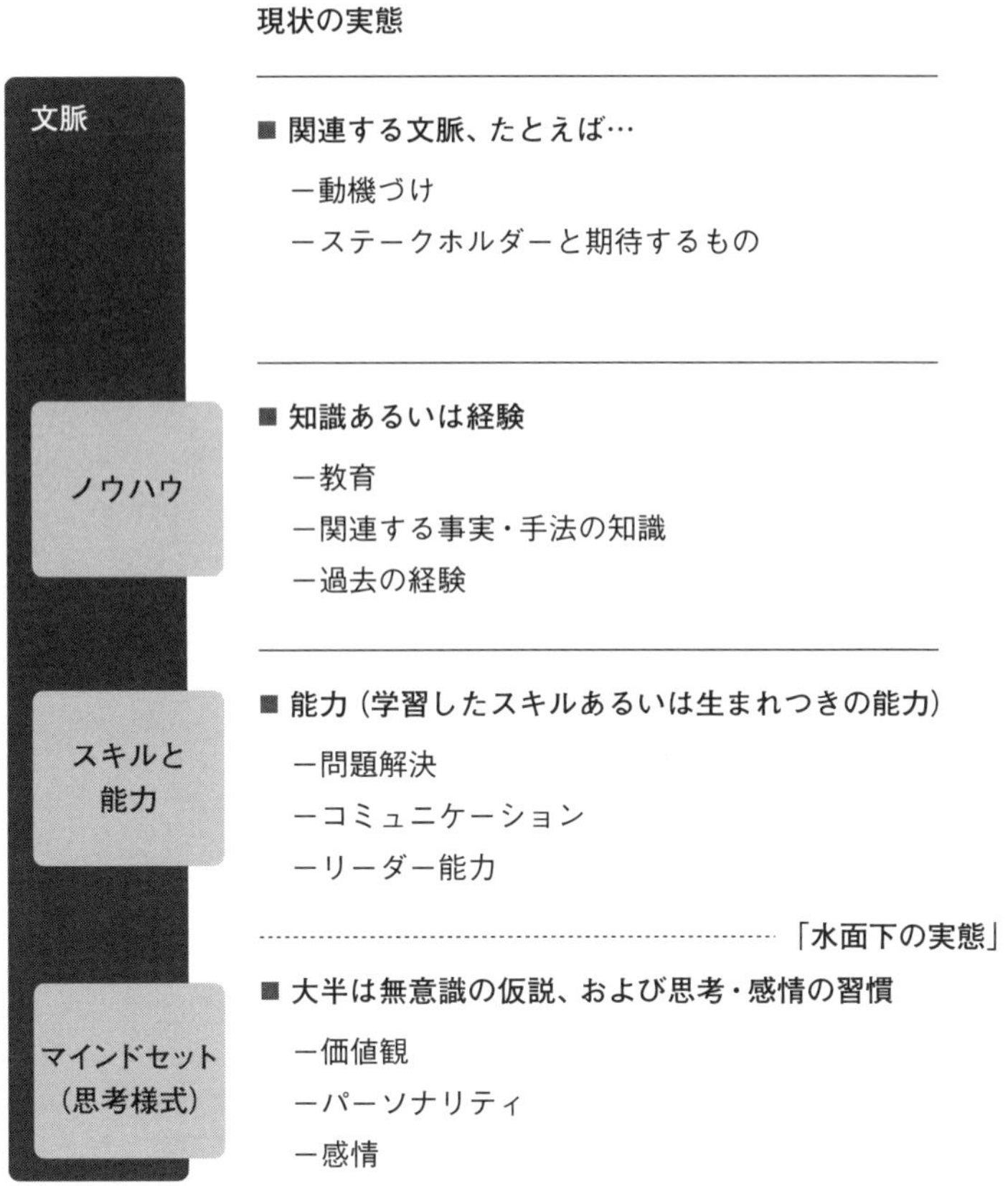

現状の実態

	■ 関連する文脈、たとえば…
文脈	ー動機づけ
	ーステークホルダーと期待するもの

	■ 知識あるいは経験
ノウハウ	ー教育
	ー関連する事実・手法の知識
	ー過去の経験

	■ 能力（学習したスキルあるいは生まれつきの能力）
スキルと能力	ー問題解決
	ーコミュニケーション
	ーリーダー能力

「水面下の実態」

	■ 大半は無意識の仮説、および思考・感情の習慣
マインドセット（思考様式）	ー価値観
	ーパーソナリティ
	ー感情

この枠組みを図10-1に示した。
それでは、この4つの要素を1つずつ考えてみよう。

(振る舞いや行動の)文脈

誰かの行動を「読み解く」場合、その人物の文脈、すなわち状況に適切なウエイト付けをしなければならない。いくつかの視点が考えられる。ここで、いくつかの(だが必ずしも全体を示すものではない)関連するアングルを紹介しよう。

◆この人物の動機は何だろう? 何が利害になるのだろう?

どのような特定の状況であっても、ある特定の動機によってそれぞれの人は行動する。動機とは、その個人の望んだ目標に近づくための動きを規定する心理的状況を言う。動機づけが振る舞いの駆動力であり、個人的な行動の心理的原因である。[*2] たとえば、飢えは動機づけであり、食べたいという要求を引き出す。動機は、食事、睡眠、セックスといった物理的な基本欲求に根差している場合がある。あるいは、芸術作品を創りたい、あるいは本を書きたいといった、もっと複雑で抽象的な欲求に根差していることもある。

同様に、ビジネスの世界でも、あなたの行動を動機づける「利害」には、どちらかと言えば単純で即時のもの（作業をする、日々の目的を達成する）から、複雑で全体をカバーし、長期的なもの（自分の遺産を守る、会社を設立する）がありうる。人々の行動を説明し、予測するどのような試みも、あなたが読み解き、影響を及ぼそうとする人物にとり何が「利害」なのかという、良い仮説を作り出すことから始まる。

◆他の人たちは、その人物にどのような期待をしているのか？

その人物の行動により影響を受けるステークホルダーは誰（上司、同僚、人物のリードするチーム、家族）であり、その人たちは何を期待しているのか？

◆組織的な文脈は何か？

どのような組織体制なのか？　その人物の上司は誰か？　その人物の部下は誰か？　どういったチームに属しているのか（役員会、機能別組織の部長、作業チーム等）？　そうしたチームの構成メンバーは？

◆組織の文化はどのようなものか？

この要素の与える影響は、きわめて大きい。たとえば、やろうと決めたことを徹底的に追求する文化を持つ組織に属する人たちで、責任を持つ立場であれば、良心的なやり方をとる可能性が高い。

◆グループおよび対人関係の力学はどうなっているのか？

人間は単独行動をとることはない。人々は、一般に他の個人たちとの交流に対応して振る舞うことが多い。もし、グループに心配症の人がいて、他に1人か2人、どちらかと言えば対立的か攻撃的な人がいれば、心配症の人物は脅されると感じる可能性が高く、内向的と解釈される行動をとる可能性が高い。

◆他の人たちは、この人物をどう評価しているのか？

この人物は、他の人たちから予想を超えた実績を上げていると考えられているだろうか、それとも予想よりも悪いと見られているのだろうか？

◆この人物は、プレッシャーに直面しているだろうか？

プレッシャーの下では感情のほうが優勢となり、人々は合理的な行動がとれなくなることがある。本書の前半の章で説明したように、近年の脳神経科学の進展により、プレッシャーの下では合理的思考をつかさどる人間の脳の一部が機能しなくなり、感情をコントロールする他の部分、具体的には扁桃体を含む大脳辺縁系を活性化させるのである。プレッシャーの下では、扁桃体は強く感情を活性化し、「生存反応」（闘争、逃避、凍結）を引き起こす。扁桃体は、生理学的および身体的反応（「胃に硬いものを感じる」や「血の気が引く感覚」）を引き起こし、人は合理的に考えられなくなってしまう（「頭が真っ白になってしまう」と感じるような状態）。

ノウハウ（知識および過去の経験）

人は、自分たちが知っていて、過去に良い経験をしたことに沿って振る舞う可能性が高い。企業という文脈でのリーダーにとり、関連の深いノウハウには、次のようなものが含まれる。

- 業界での価値を生み出すものと、そのトレンドを理解する。
- 顧客と成長市場を理解する（たとえば、サプライチェーンのマネジャーが、出現してきた新規市場を知っているなど）。
- 最新の技術知識を持っている（マーケティングやR&Dの専門知識など）。
- 関連した教育を修了している（職種によっては科学的な教育が前提となる）。

ある人物の振る舞いの傾向を診断する質問としては、左記のようなものがある。

◆過去に何をやってきたのか？
◆どんな組織でどういった機能を担当してきたのか？
◆そうした組織でうまく運営してきたのか？
◆現在直面している課題と類似の状況を経験してきているのか？　たとえば、業績反転の状況で、既にリーダーだったのか？
◆どのようにやったのかを尋ねる。成功したのか？　当時、どのように振る舞ったのか？

スキルと能力

人は、通常、自分たちのスキルや能力に基づいて振る舞うものである。たとえば、次のようなものだ。

◆複雑な問題を、効果的に解決する。
◆健全な意思決定をする。
◆高い業績を達成するチームを築く。
◆組織に対して前向きに、そして人を引き込むコミュニケーションができる。
◆人がさらに高い業績を出せるよう、インスピレーションを与えることができる。
◆その人物がどのようなスキルを持っているのかを尋ねる。何が得意なのか？

他の人のマインドセットを理解する

ケースに描かれたナイジェルのように、私たちのマインドセット（思考様式）、すなわち内在的オペレーティング・モデルは、私たちの持つ根底にある前提や思考の癖、それに感情に基づいた振る舞いにより、大半が導かれる。

根底にある仮説や思考の癖というのは、ほとんどが無意識的なものである。[*3] 私たちは、それを直接に観察することはできない。氷山のように、総重量の大半は見えていない（水面下にある）からだ。心理学者でＩＮＳＥＡＤ（フランスのフォンテーヌブローにある経営大学院）の著名な教授であるマンフレッド・ケッツ・ド・ブリースの著した『臨床方法論』[*4]および臨床心理学者の用いる深い質問こそが、あなた自身のオペレーティング・モデルを理解するのに、おそらく最善のアプローチだと考えられる。たいていの人は訓練を積んだ心理学者ではなく、深い質問を他の人に対して行うような状況に置かれることはまずない。

しかし、氷山を見るように、誰かの内在的オペレーティング・モデルの一部分を観察することは可能だ。根底にある前提、思考の習慣や癖、それに感情は、発言や振る舞いに影響を与えるので、人々の会話や振る舞いのパターンが、水面下にある人々の感情の中で何が起こっているのかを理解するためのヒントを与えてくれる。多くのモデルでは、言葉の構造、テスト、および振る舞いを使って、その人の認知発達段階、価値観、パーソナリティ、感情などを推定している。

パーソナリティ理論が、マインドセットを理解するための主流のアプローチである。この理論では、個人が長い時間の中で一貫して見せる振る舞いを説明することに焦点を当てている。つまり、ストレス、危機、そして問題に対する他の人たちの反応を予想することが可能である。[*5]

さて、パーソナリティ理論に、あと2つのレンズを加えてみよう。それは、価値観と情緒的傾向である。もし、あなたがリーダーとしてインスピレーションを与えて導き、あなたの下にいる人たちを理解しようと思うのなら、決定的な役割を果たしてくれるレンズである。

パーソナリティを構成する5つの要素

人間のパーソナリティについての研究は、おそらくヒポクラテスの『4つの気質』理論に始まる。この理論は、人の気質は、黄胆汁、黒胆汁、粘液、血液という4つの体液のバランスに基づいて決まるという仮説である。[*6] 怒りっぽい人々は黄胆汁が過多で、それが短気を引き起こす。黒胆汁のレベルが高いということは、メランコリー気質や悲観的な気質を引き起こす。粘液質の気質は痰の過多によるものと信じられ、不活発で穏やかな気質に結び付くと考えられた。そして最後に、血液のレベルの高い人は、血色が良く、快活で情熱的な気質だと考えられていた。[*7]

しかし、この100年間、心理学者たちはパーソナリティという概念の探索に努力と時間を費やし、その結果、パーソナリティを説明するさまざまなツールや枠組みを開発した（たとえば、フロイトのイド、エゴ、スーパーエゴの枠組み、マイヤーズ＝ブリッグスのMBTI、それにアシュトンとリーのHEXACOなど）。

その中でも、「ビッグ・ファイブ」パーソナリティと呼ばれる枠組みが、おそらく最も多くの研究に基づいており、紹介したい。これは信頼でき、包括的であり、経験ベースで、データに基づいている枠組みとして知られており[*8]、心理学者と多くの実践家に最も広く受け入れられている。

ビッグ・ファイブを構成する、人のパーソナリティを知る要素は、1．開放性（Openness）、2．勤勉性（Conscientiousness）、3．外向性（Extroversion）、4．協調性（Agreeableness）、5．神経症的傾向（Neuroticism）、の5つである[*9]（**表10-1参照**）。専門家がよく用いるこの5要素の略称としては、英語の頭文字を取ってOCEANまたはNEOAC、それにCANOEがある。ある人物のパーソナリティをこれらの要素で説明することができるが、こうした要素は、黒か白かという二元論で答えるものではない。5要素のすべてが、連続した尺度で測定される。たとえば、ある人物は強い外向性と協調性を示すが、あまり実直ではなく、心を開かない、と表現される。各要素のスコアの位置づけは、パーセントで示されることも多い。

まず5つの要素について見てみよう。

開放性

これは、芸術、感情、冒険、変わったアイデア、想像、好奇心、およびさまざまな経験を楽しむ傾向である。開放性の次元で高いスコアを記録する人たちは、発明家であり、好奇心が旺盛だ。新しい経験を望ましいと考える人は、知的好奇心があり、芸術を楽しみ、美に対して敏感である。閉鎖的な人々に比べ創造性がある傾向が強く、自分自身の感情に気づいている。このタイプの人たちは、慣例に従わない信条を保持する可能性が高い。開放的認知スタイルのもうひとつの特徴は、具体的な経験からかけ離れた、シンボルや抽象的なものを使った思考能力である。

これとは対照的に、開放性の次元で低いスコアの人たちは、保守的で注意深い傾向がある。そうした人たちは、慣例に従い、伝統的な物事に興味を持つ傾向がある。また、明白で率直なことを好み、複雑、あいまい、微妙なことを嫌う傾向がある。芸術や科学を疑いの目で見たり、そうした努力に興味を持たない傾向がある。閉鎖的な人たちは、新しいものよりも慣れ親しんだものを好む。また、変化に抵抗することも多い。

では、開放的な人をどのように見分ければよいのだろうか？　開放性で高いスコアの付く人は、典型的には、抽象的な考えを把握するのが早い。彼らは、概念を考えることに時間を使い、鮮やかな想像力を持ち、素晴らしいアイデアをたくさん持っており、語彙が豊かで、難しい言葉を使う傾向がある。

勤勉性

これは自己規律を示し、忠実に振る舞い、測定基準や外部の期待に対して達成しようと努力する傾向である。この傾向には、自発的な振る舞いよりも、計画に沿うことを好む傾向が含まれる。勤勉性の次元で高いスコアを記録する人は、効率よく整理整頓する。こうした人たちは秩序を好み、計画を楽しみ、スケジュールに沿って動くことを喜ぶ。彼らは細部に注意し、自分の仕事もきちんと進める。物事を正しいやり方で進め、時間どおりに終わらせ、期待どおりの成果を達成する。また、常に用意ができている。

外向性

この要素は、ポジティブな感情と、他の人たちから得る刺激と一緒にいることを求める傾向により特徴づけられる。この傾向は、外界との目立った交流の度合いによるものだ。外向性の次元で高いスコアを達成する人は、社交的でエネルギーに満ちている。外向的な人は他の人たちと一緒にいることを好み、エネルギーに満ちていると評されることが多い。こうした人は、熱心で、行動志向であり、興奮を誘う機会に誘われると「そうだ！」とか「やってみよう！」と言うことが多い。グループの中で彼らは、話すこと、自分自身を自信ありげに見せ、他の人たちの注意を引き付けることを好む。

外向性の次元で低いスコアしか得られない人は、1人でいることを好み、控えめである。こうした人たちは内向的と呼ばれ、外向的な人に比べ、社会的な接触の頻度および行動のレベルも低い。内向的な人たちはおとなしく、目立たず、熟考し、社会的な世界と交わる傾向が少ない。しかし、こうした人たちの社会的な参加度の低さを、恥ずかしがり屋とか鬱病のせいだと解釈してはならない。内向的な人は、外向的な人よりも少ない刺激で済むが、1人でいる時間がもっと必要なのである。彼らは非常に行動的でエネルギーにあふれているが、それは社会的な場においてではないのだ。

では、外向的な人かどうか、どうすればわかるのだろう？　典型的には、外向的な人は他の人たちと一緒にいて、社会的なつながりを持っている。彼らはよく話し、大勢の人と知り合いで、注目される存在であることが心地よいと感じている。

協調性

これは、疑い深く敵対的というより、同情的で協力的な傾向である。この協調性の次元で高いスコアが付く人は、親しみやすく思いやりのある人物であり、他の人とうまくやっていくことに価値を置いている。こうした人たちは、一般に思いやりがあり、気前がよく、人助けを好み、他人を喜ばすためには、自分の利害に優先して妥協する。また、協調的な人は、人間の性格に関して楽観的な視点を持っている。協調的な人の重要な指標は、彼らが他の人たちの感情に興味を持ち、感情移入することであり、他の人のために時間を使うことだ。こうした人は、他の人たちを気楽にさせる。

神経症的傾向

これは、怒り、不安、鬱病といったネガティブな感情を経験する傾向である。また、これは情緒不安定と呼ばれることもある。神経症的傾向の次元で高いスコアが付くのは、感受性が強く、神経症的な人である。こうした人たちは、感情的に反応しやすく、ストレスに傷つきやすい。彼らは、通常の状況を脅威だと解釈し、軽い欲求不満を望みのない困難だと感じてしまう傾向が強い。彼らのネガティブな感情反応は、通常では見られないほど長期にわたる場合があり、そのことから彼らは機嫌の悪いことが多い。こうした感情調節上の問題が、明晰な思考能力を低下させ、ストレスへの有効な対応力も減じてしまう。人の人生上の達成事項への満足度の欠如は、神経症的傾向のスコアの高さと相関が強く、その人物が臨床的な鬱病に落ち込んでしまう確率を高めてしまう。

反対に神経症的傾向のスコアの低い人は、安心感があり自信を持っている。そうした人たちは、簡単に怒らないし、情緒的反応を示す傾向も少ない。彼らは穏やかで、情緒的にも安定し、ネガティブな感情が長く続くこともないが、だからといってスコアの低い人が、多くのポジティブ感情を経験するとは限らない。こうした人たちは、単に、自分たちの感情バランスが安定しているのである。

では、神経症的な人を、どのように見分ければよいのだろうか？　神経症的な人を見つける指標は、感情の状態が簡単に変わり、しかも頻繁に変わり、どちらかと言えば悲観的であり、グラスの水は半分しかないと表現し、簡単に苛立ち、不安になり、悲しくなる。

他人の価値観を見分ける必要がある

価値観については、既にＣＨＡＰＴＥＲ７で触れた。人々の価値観は、その人たちに内在する、あるいは根底にある信条システムとして、さまざまな方法でつながっている。価値観は、何が良く、便益を生み、重要で、有益で、美しく、望ましく、建設的なのか

	開放性	勤勉性	外向性	協調性	神経症的
顕著な振る舞いのトップ10	1. 豊かな語彙を持つ	1. 常に準備ができている	1. パーティーで生き生きしている	1. 人に興味を持っている	1. たいていの場合、リラックスしていない
	2. 生き生きした想像力を持っている	2. 細部の詳細に注意を払う	2. 人と一緒にいて、心地よく感じる	2. 他の人たちの感情に同調する	2. 憂鬱な感情を抱くことが多い
	3. 優れたアイデアを持っている	3. 作業にすぐ取りかかる	3. すぐに会話を始める	3. 優しい心を持っている	3. 簡単にストレスでまいってしまう
	4. 物事の理解が早い	4. 秩序立ったことが好き	4. パーティーで大勢の人たちと会話する	4. 他の人たちのために時間を割く	4. いろいろなことが心配になる
	5. 難解な言葉を使う	5. スケジュールに従う	5. 注目の中心となっても気にしない	5. 他の人たちの感情に気づく	5. 容易に妨害されてしまう
	6. いろいろなことを考えて時間を使う	6. 作業の細部にこだわり、きちんと進める	6. よく話をする	6. 人々の緊張を解き、心地よくさせる	6. 簡単に怒る
	7. アイデアに満ちあふれている	7. 持ち物を広げ放置しない	7. 背景に目立たずいることはない	7. 他の人たちに興味を持っている	7. 時により気分が、大きく変わる
	8. 抽象的な思考の理解に苦労しない	8. 物事を、ぐしゃぐしゃにすることがない	8. 話したいことがたくさんある	8. 他の人たちを侮辱することがない	8. 気分の揺れが頻繁にある
	9. 抽象的な思考に興味を持っている	9. 使ったものを、元の場所に戻すことを忘れることがない	9. 自分に注意を引き付けることを好む	9. 他の人の問題に興味を持っている	9. 簡単に苛立ってしまう
	10. 良い想像力を持っている	10. 与えられた義務を回避しない	10. 見知らぬ人の近くでも黙っていない	10. 他の人たちのことを気にかける	10. 憂鬱に感じることがよくある

出典："International Personality Item Tool" from R. R. McCrae and O. P. John, 'An Introduction to the Five-Factor Model and Its Applications,' Journal of Personality 60, no. 2 (1992): 175-215.

表10-1 パーソナリティ・マーカー（ビッグ・ファイブ）

	開放性	勤勉性	外向性	協調性	神経症的
特徴の描写	新しい経験を好む	自己規律を示す傾向	人と共にいることを楽しむ	他の人たちとうまくやることに価値を置く	感情的に反応しがちであり、ストレスに弱い
	知的好奇心旺盛	義務を忠実に果たす	エネルギーが満ちあふれていると思われることが多い	他者に配慮し、親しみやすく、心が広い。他者を手伝い、自分の利益よりも他者に妥協する	普通の状況に対し、脅威を感じたり欲求不満を感じがち
	芸術を愛し、美に対して敏感	測定できる目標達成を目指す。あるいは、期待を超える達成を果たす	熱意がある傾向が強く、行動志向	良きチーム・プレーヤー	ネガティブな感情反応が、異常なほど長期間継続しがち
	創造的傾向が強く、自身の感情に気づいている	計画された行動を好む	話すことを好み、自信を示し、自分に注意を向けさせる	人間性に関して楽観的	明晰な思考、意思決定、あるいはストレスに対処する能力が低下する
	慣例に従わない信条を保持する傾向がある	構造的整理ができるように見える			満足感に欠ける
	確固たる経験から大きく離れたシンボルや抽象的思考ができる				
	どちらかといえば進歩的（保守的とは対極の思考）				

を判定する、心の中の物差しである。価値観と優先順位はその人の、正しいか間違っているか、正か邪か、重要か不要か、すなわち、何があるべき姿なのか、という感覚を反映したものである。

CHAPTER7で述べたように、価値観は、態度や振る舞いに強い影響を及ぼす。[*10] たとえば、ある女性が、働く者はみな同じ権利を持っていると考えており、ある会社で働いているとしよう。ところが、この会社は管理職といった特定のグループの人たちを、それ以外の社員よりも優遇している。そのため彼女は、この会社は働くには倫理的にふさわしくない、との考えに至るかもしれない。その結果、彼女は、勤勉に働かないか、退職するかもしれない。もしこの会社が公平で平等を目指す方針をとっていたなら、彼女の態度や振る舞いはもっと前向きであった可能性は高い。

では、他人の価値観を見分けるには、どうすればよいだろう? ある人が状況を説明するやり方、「良い、悪い」をどのように定義しているか、その人の普段の振る舞いのすべてが、その人にとって最も重要なことを示す証拠を提供してくれる。

同じ出来事に異なる反応を見せる情緒的な傾向

「人がある感情を経験するたびに一定の傾向を示すという事実がある」と説明するとき、「情緒的な傾向」という言葉に触れることがあるかもしれない。[*11]
まず、エピソードから始めることにしよう。[*12]

今は、長くきつかった週の終わりとなる金曜日の夕方である。あなたは疲れており、ストレスも強い。最終便の飛行機に乗るため、空港のゲートで待っている。今夜、自宅に戻ることは非常に重要なのだ。あなたは明日の朝、学校の劇場で「白鳥の湖」を踊る娘に、必ず見に行くと約束したのだ。娘はこの6カ月間、そのための練習を積んできており、ここ数カ月は週に何度か、あなたが見に来てくれることがいかに大切なのか、あなたに伝えていた。

あなたは娘に、「もちろん、きっと行くよ」と答えていた。それなのに、これだ。飛行機が遅れている。もう何時間も、出発が遅れているのだ。技術的な問題か？　それとも天候のせいか？　接続の遅れのせいで、フライトクルーの到着を待っているのか？　自分にわかっているのは、家に帰らなくてはならないのに、もう3時間も待たされているということだ。もう遅い時間だ。空港は既に暗くなっており、まだ飛び立っていないのは自分の乗る飛行機だけだ。あなたは、今日中に家に帰らなくてはならない。

するど、係員の女性がカウンターに歩いてきて、あなたが聞きたくなかったアナウンスを伝えた。「フライトがキャンセルされました」。今晩、飛行機が飛ばなければ、あなたには自宅に帰り、娘の踊りを見に行く手段は他に何もない。あなたと、フライトを待っていた他の乗客全員がうめき声を上げた。全員のうめき声は、実際、全員に聞こえた。今度は、何が起こるのか？

もし乗客一人ひとりを注意深く見ていれば、さまざまな感情反応に気づいただろう。スーツを着た中年の男が、早足で係員に近づき、全員に聞こえるくらいの大きな声で、目的地まで行くことが自分にとりどれだけ重要なことなのかわかっているのか、と怒鳴った。彼は上司に会わせろと主張し、顔を紅潮させ、この状況はまったく受け入れられないと叫んだ。

よちよち歩きの幼児を連れた若い母親が係員に近づき、飛行中止の原因を尋ねた。彼女は、翌日のフライトは本当に飛ぶのか、確認したかったのだ。彼女は隣に立っていた男に、翌日の時間どおりに家に帰れるのか、懸念を示した。

スポーツウェアを着た若者は、一緒に座っている仲間に、大きな不満を口にした。彼がこう言うのが聞こえた。「なぜ、いつも僕にこんなことが起こるんだ？　こないだも、飛ばなかったんだよ。なぜ、いつも僕なんだ？」

フードの付いたトレーナーを着た大学生が、イヤホンから聞こえてくる音楽に合わせて頭を振りながら、こうつぶやくのが聞こえた。「まあ、いいや。この町にいて、楽しくやるよ」

では、あなただったら、どういう反応をするだろう？　もう少し正確に言えば、あなたの反応はもっとコントロールされ、抑制されているかもしれないが、係員がアナウンスしたまさにそのときに、どのように感じただろう。スーツを着た中年の男性のように、怒りか？　若い母親のように、不安か？　スポーツウェアの若者のように、嘆きか？　娘の踊りを見られなくなって、悲しみ、もしくは鬱状態か？　それとも、大学生のようにリラックスしているだろうか？

フライトのキャンセルは、ある乗客にとっては他の乗客よりも困った状況となるのだが、この事例で示したように、人によって異なる感情の反応や経験に対して、異なる傾向を見せるのである。感情についての文献を見ると、個人個人により感情系が興奮し始める度合いが異なっており、人によっては他の人よりも簡単に興奮し、その度合いは、反応の強度と、経験する感情のタイプの両方で異なっている、ということだ。[13]

情緒的傾向は振る舞いのパターンに影響を与える

人によっては、状況の停止や後退によって苛立つ可能性が高く、また別の人は鬱状態になる傾向があり、さらに別の人は心配し始めるのである。この特定の感情を経験する傾向は、情緒的傾向と呼ばれる（ウィスコンシン＝マディソン大学の心理学、精神医学教授のリチャード・デイビッドソンは『感情スタイル』と呼んでいる）。[14]

ちょうど感情が振る舞いに影響を与えるように、情緒的傾向は振る舞いのパターンに影響を与える。そうしたパターンを観察すれば、その人に会う前であっても、他人の情緒的傾向についてのヒントを得ることができる。３つの最も頻繁に目にする（そして最も研究対象となっている）情緒的傾向は、「怒り」「不安」「悲しみ」というネガティブな感情である。こうした３つの情緒的傾向を持つ人たちは、どのような振る舞いのパターンを見せるのだろう？

「怒り」型の人は、野心家、空想家で、大胆な傾向がある。こうした人たちは、自分にとって気になることに対応するために行動する傾向がある。たとえば、彼らは抗議活動や暴動に加わる可能性が高い。不正に対する彼らの怒りが、変化を引き起こす行動への動機づけとなる。彼らはリスクテイカーで、起業家であり、何かを築く人である。しかし、彼らは同時に、競争や建設的対立を好む。彼らは、世界を戦場または競争の場と見る傾向があり、他の人たちを敵と味方の「明確な黒白に分ける」（そして味方の示す忠節に価値を置く）傾向があり、対立を自分の個人的なものと考えがちである。

彼らは通常、最も人気のある人物ではないが、それは「悲しみ」型や「不安」型の人たちが、彼らの存在から脅されていると感じてしまうからである。「彼らは良き討論を求め」「敵対するやりとりや、言葉による攻撃をすることは、どきどきするし、満足できる」と感じている。[*15]

「不安」型の人は、非常に協力的で、他の人の心を読むことに長けており、複雑な社会的状況の中を進むことに熟達している。彼らは、常に周りの環境を「スキャンし、詳しく調査」している。また、膨大な量のエネルギーを出せるように成長し、特にそれを自分の不安を解消するために使う。そのため、ときには「常に不安を抱いた、期待を上回る成果を達成する人」と言われることがある。典型的には、彼らはどちらかと言えば内気で臆病であり、対立を嫌う傾向がある（そのため、「政治的」な人、あるいはスムーズな人と見られることがある）。彼らは、リスク回避の傾向があり、責任を共有することを好む（つまり、権威者や規則に訴え、または責任共有のためのプロセスや委員会を設定する傾向がある）。

「悲しみ」型の人は、とても感じがよく、高度な感情移入を見せ、非常に協力的である。しかしながら、彼らはエネルギーレベルが低いことが多く、どちらかと言えば、メランコリックで悲観的であり、共感と支援を引き付けていることが多い。そうした人たちの中には、悲しみの経験を楽しみさえする人がいる。悲しく「涙を絞るような本」を読み、悲しみの感情を引き起こす映画やテレビ番組を選んで見るのである。[*16]

まとめてみると、情緒的傾向の概念は単純な枠組みであり、ある個人が一貫して感じるものが何かを探るヒントを与えてくれる。それらのヒントは、その人をある程度知っていたら、会わなくても想像がつくようにしてくれるのである。

しかしながら、私たちが情緒的傾向の概念を実際に適用する前に、いくつかの注意をしておきたい。[*17]

第1に、上述した3つ以外にも、他の情緒的傾向があるかもしれない、ということだ。たとえば、こうした傾向が表れるのは非常にまれなことかもしれないし、人によってはたいていの場合は充足している（エピソードの大学生のように）のかもしれず、主要で最

表10-2 情緒的傾向マーカー

情緒的傾向の次元	不安	怒り	悲しみ
情緒的傾向の描写	非常に協力的な傾向が強い	野心的な傾向がある	とても居心地のよい存在
	他の人の性格を読むのが得意	行動をとる傾向	高度の感情移入を表明し、協力的な傾向が強い
	複雑な社会状況を泳ぎ切るのが得意な傾向（常に環境を「詳しく調べている」）	リスクテイカーであり、起業家であり、物事を築く傾向が強い	エネルギーレベルは低い傾向にある
	非常に大きなエネルギーを動員することができる。特に感じている不安に対処する場合（「不安定なやり手」）	競争や建設的対立を楽しむ傾向がある	どちらかと言えば、憂鬱で悲観的であり、感情移入と支援を引き付ける
	どちらかと言えば、恥ずかしがり屋でおどおどした物腰	世界を戦場あるいは競争の場だと考える傾向がある	悲しみの感情を経験することを楽しむ場合がある
	対立を嫌う傾向（したがって、ときには「政治的」でスムーズだと思われることがある）	他の人を敵か味方に分けて（黒か白か）考えがち	
	リスクを避ける傾向	衝突を個人的なものとして捉えがち	
	責任を分担することを好む	不安あるいは悲しみの人たちは、怒り傾向の人がいると脅威を感じることが多い	
典型的な振る舞いのマーカー	簡単に意思決定をしない	野心的、先見の明があり、大胆	エネルギーレベルは低い
	委員会の設置・意思決定にグループのサポートを求める	意思決定が早い	悲観的である
	政治的に抜け目がない・スムーズ	チーム（フォロワーの）を作る・物事を築く	他の人たちの感情を読むのが得意
		忠誠心に価値を置く	

出典：P. Ekman, Emotions Revealed: Recognizing Faces and Feelings to Improve Communication and Emotional Life (New York: St. John' s Press, 2007); C. Feser and P. Gurdjian, "Growing Leaders. A Light-Hearted Introduction to Leadership Development." McKinsey internal publication, 2014.

も高頻度に表れる、怒り、不安、悲しみというカテゴリーに当てはまらないこともあるだろう。

第2に、人によっては、悲しみ、不安、あるいは怒りを感じる一貫した傾向が「純粋」で、他の人たちよりも強く表れるのかもしれない、ということだ。たとえば、人によっては「非常に怒っている」が、他の人は「少しばかり怒っている」のかもしれないし、基本感情のカテゴリーの2つの要素を共有しているのかもしれない。

WAPLモデルについての総合的配慮

WAPLシート（**表10-3参照**）を使って、本章冒頭のケースなど特定の状況の個人を読み取ることができる。

WAPLフレームワークの使用にあたっては、注意することがいくつかある。

◆マインドセットの3つの概念、すなわちパーソナリティ、価値観、情緒的傾向は相互に排他的ではなく、全部を足し合わせても、マインドセットの完全な全体像とはなら

表10-3　WAPLシート

レンズ	重要な質問
1. 文脈	■ その人は何を達成しようとしているのか？ ■ その人の得るもの、失うものは何か？ ー直近では？ ー長期的には？ ■ その人の率いる会社または組織の業績は？ ■ 本人の業績はどう見られているのか？ ■ 組織の期待されている振る舞い、および文化は何か？ ■ その人を取り巻く人々（例ー上司、同僚、直属の部下）は、どのような影響を受けているか？ ■ その人はプレッシャーを受けていると感じているか？ ■ 文脈に関して、他の関連事項
2. ノウハウ	■ その人は何を（技術的知識）知っているのか？ ■ その人の関連した経験は何か？ ■ 過去の成功や失敗経験は？
3. スキルと能力	■ その人は何が得意なのか？
4. マインドセット	■ その人のパーソナリティすなわち性格的傾向は何か？（開放的、勤勉だ、外向的、協調的、神経症的など） ■ その人は、どのような価値観を持っているだろうか？ 彼は、自分の期待や、他人の振る舞いを説明するのに、どのような語句を使うだろうか？　この人物の振る舞いは、価値観と一貫しているか？ ■ その人の最も目立つ情緒的な傾向、または傾向の組み合わせは何か？（不安、怒り、悲しみ） ■ その人の最も顕著な思考様式上の次元・軸は何か？

ない（言い換えれば、マッキンゼーのコンサルタントが時折言うような、ＭＥＣＥではない。すなわち“mutually exclusive, collectively exhaustive”「相互に排他的であり、全体を集合すると漏れが存在しない」のではない）。事実、文献によれば、ある程度重なり合っている場合がある。たとえば、最も一貫しているように見える外向性が、経験とポジティブな感情の表現の両方と相関があるという点だ。[*18] 神経症的傾向は、ネガティブな感情の経験と相関していた。[*19] また、協調性のスコアの低い人物は、強い怒りを感じる傾向がある。[*20] マインドセットのこれら３つの概念は、人の振る舞いを解釈するのに役立つ３つのレンズであるにすぎず、私たちの求める目標はある人物の根底にあり、無意識のうちに表出される思考および感情のパターンへの理解を深めることだからである。

◆他の人を理解するためのＷＡＰＬの枠組みは、簡単で実用的なものである。それは、人間の機能や振る舞いの全体像を示すものだと言うつもりはない。人類は信じられないほど複雑で、個々人はユニークな存在である。個人の遺伝的構成と、それに影響を与える人生上の経験は、その個人にとって唯一無二のものである。したがって、特定個人の動機づけ、行為、あるいは信条について読み取ることは不可能である。しかし、取り急ぎ暫定的な展望を作ることはできる。つまり、誰かの振る舞いのパターンに関して、知識と情報に基づいた仮説を立てるのであり、それがこの枠組みの目的なのである。

＊＊＊

WAPLフレームワークについて説明したが、では、特定の個人や状況に合わせて影響を与えるアプローチを変えるには、どうしたらよいのだろう?

それが、次のテーマである。

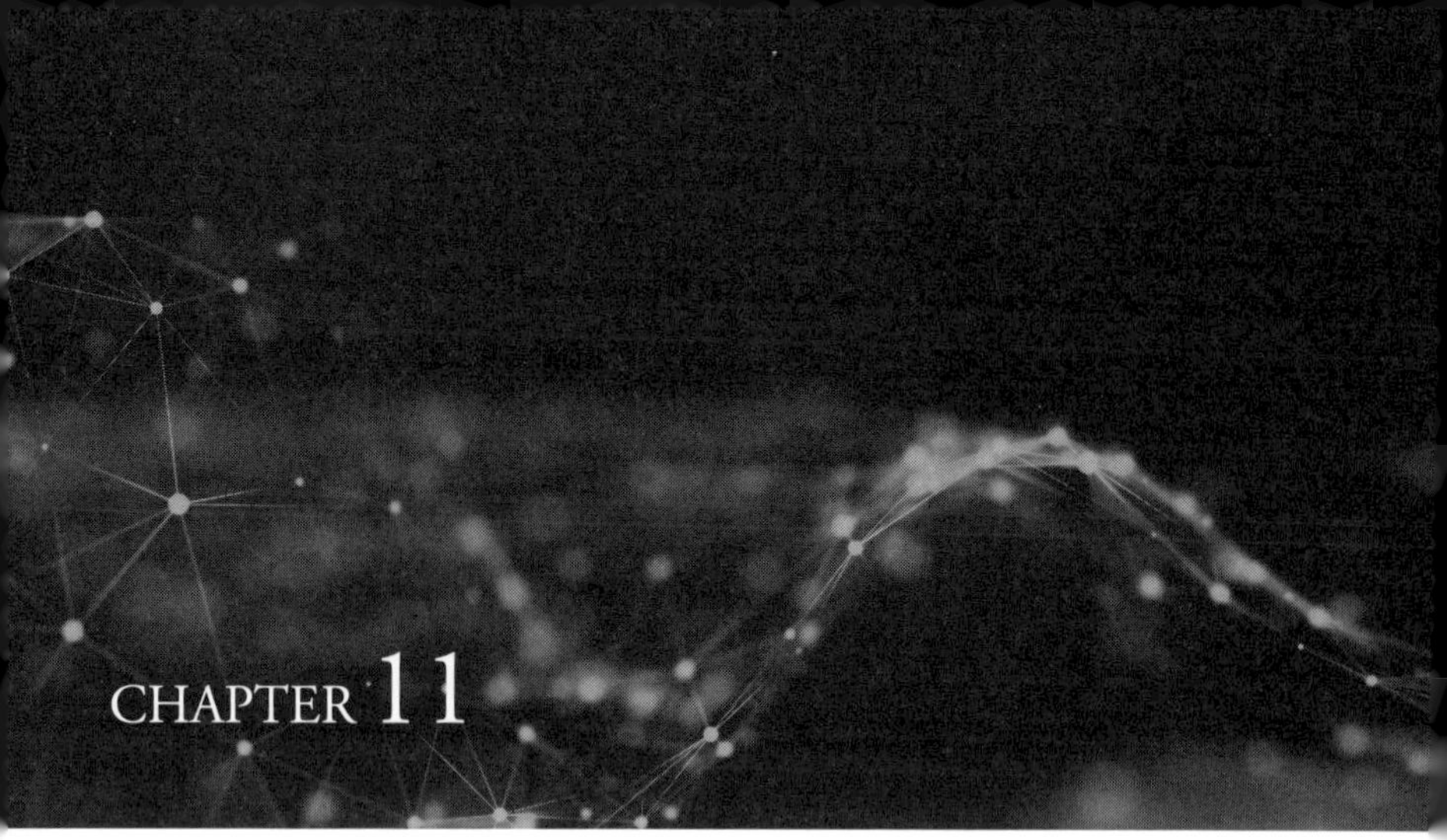

CHAPTER 11

影響力を特定の個人にフィットさせる

スティーブは頭を下げ、自分の足元を見つめていた。重苦しく居心地の悪い沈黙の後、彼はその後何日も私を悩ます挑戦的な問いを発した。「君は残りの人生を砂糖水を売って過ごしたいのか、それとも世界を変える機会を手にしたいのか？」スカリーは、あたかも腹にパンチをくらったように感じた。同意する以外の答えは存在しなかった。「彼には、いつでも自分の欲しいものを手に入れる不思議な能力がありました。人物の大きさを推し測り、その人物の心に届かせるには何を言えばよいのかが、一言一句わかっていたのです」とスカリーは思い出していた。

――ウォルター・アイザックソン著『スティーブ・ジョブズ』より

WAPLの4つの要素を把握してアプローチする

スティーブ・ジョブズには、影響力を行使する非常に高いスキルがあり、彼は自分のリーダーシップ・アプローチを、特定の個人にどのように合わせればよいのかがわかっていた。

本章では、まさにこのスキルを、私たち自身に開発し始めることにしよう。あなたの影響力行使のアプローチを、WAPLフレームワークを使って、特定の個人に対してどのように修正するのかを説明しよう。具体的には、WAPLの4つの要素、文脈、ノウハウ、スキルと能力、マインドセットごとに、どのような影響力を行使するアプローチが適切なのかを見ることにしよう。

文脈

PARTI（CHAPTER3参照）で説明したように、単純で明快な、そして静態的な状況（必要とされる作業が、標準的手続きに沿ったもの）にある人々、また状況が急を要すると感じている人々（したがってハード戦術を受け入れ、理解しやすい人である可能性が高い）には、プレッシャーを伴う依頼、連立の形成、および正統化といったハード戦術が最も効果的である。

ソフト戦術は、ダイナミックで、あいまいな、そして複雑な状況にある人に対して効果的である。それがまた、リーダーにとっては、単純な依頼をすることが難しい場面でもある。この状態では、影響を受ける人物を引き込み、正しい行動の順序を考えて行動してもらうことが必要だ。

ソフト戦術の中でも、プレッシャーとストレスの高い状況、すなわち扁桃体が活発で人が「合理的に考え」て行動していないときには、インスピレーションを与えて訴えることが、おそらく最も適切である。

ノウハウ

社交辞令は、要求される作業の達成に必要な知識あるいは経験を持つ人たちに影響を与えたい場合に、最も強力なアプローチである。社交辞令アプローチでは、特別なスキルや資格が誰かにあり、その人の過去の実績を誉めることを伴う。良心的な社員には、求められるに足る能力があり、責任感が強く、自己抑制力があり、達成志向が強く、そうした人たちは良い成果を上げる可能性が高い。[*1] そして、良心的な社員は、知識やスキルをこれまでに学んで身につけ、普通以上の業績を達成してきた可能性が高く、リーダーも過去と同様な行動や業績を求める場合、彼らの業績について会話の中で触れる可能性が高くなる。

スキルと能力

まったく同じ理由により、社交辞令は要求される作業の達成に必要なスキルあるいは能力を持っている人たちに影響力を行使する場合には、強力なアプローチである。

マインドセット（思考様式）

ソフト戦術を使うには、リーダーシップ・アプローチを、個人や組織のメンバーが何を大切だと考えているのか、すなわちパーソナリティ（性格の傾向）、価値観、情緒的傾向から成るマインドセットに合わせて変えていくことが必要になる。

マインドセットを把握する① パーソナリティ

理想的な影響力行使アプローチは、性格の傾向によって異なる。[*2]

◆**開放的**　オープンな性格の人々は、合理的説得が奏功する対象である可能性が高い。

オープンな人は、他の人のアイデアや価値観を受け入れる。開放的な性質が、影響を与えたい、あるいは説得したいという人にとっては、近づきやすさを生んでくれる。開放的な人々は、抵抗もなくアイデアを聞いてくれるので、影響を与えようとするリーダーは明快に、直接的に話すことができる。合理的説得は、最も明快で直接的なアプローチでもある。リーダーの話す内容が十分に論理的であり、理解可能であれば、他の人たちはリーダーの議論を十分に考慮してくれるだろう。

◆**勤勉**　勤勉で良心的な人たちには、社交辞令が有効である。知識とスキルについて既に説明したように、社交辞令には、相手の過去の実績を誉めることが含まれる。リーダーは、過去の行動や実績の再現を求める場合、過去の実績に触れることができる。

◆**外向的**　外向的な人たちには、インスピレーションを与えて訴求するアプローチが適しているが、それは、外向的な人たちが温かさや、人と集まることが好きで、自信ある主張や、行動的でエキサイティングなことを求め、何事にも肯定的な性質を持っているからである。[*3] 外向的な人たちは行動的でエネルギッシュなので、彼らには動機づけよりも、操縦されることが合っているのだ。外向的な人たちにインスピレーションを与えて訴求するときには、その重要性と、特定の行動の連続がエキサイティングなことを達成する可能性にハイライトし、自分たちのエネルギーをその方向に絞り込むよう誘い、仕向けるのである。

◆**協調的**　協調的な人たちは、正統化による影響力行使アプローチのよい対象となる可能性が高い。協調性のさまざまな局面には、信用できる、率直さ、利他主義、遵法・服従、それに謙虚さが含まれている。[*4] 協調性の最も顕著な特徴は、遵法・服従である。協調的な人たちに対して影響力行使を試みる場合は、リーダーはこの特徴を活用し、正統性に関する遵法・服従の傾向を、現状の方針あるいは過去の合意をテコにして強調すればよい。

◆**神経症的傾向**　神経症的傾向の人たちには、依頼アプローチが適している可能性が高い。こうした人たちは感情的に不安定であり、言い換えれば、ストレスに弱く、気分が頻繁に変わることが特徴的である。こうした、神経症的傾向の数値が高い人については、不安定であるがゆえに、用いる戦術に対して相手がどのように反応するかを、事前に計算することは難しい。

影響力を行使することは、ときには比喩的に「アメとムチ」を使うと説明されることがある。アメは、動機づけのきっかけとなる何かポジティブで望ましいもの、ムチは非誘引となるものであり、痛みをもたらす、望ましくないものを表している。望ましいものは、人により幅広く異なっているが、避けたいものに関しては比較的、一般性がある。したがって依頼アプローチにおいては、負の動機づけ要因としてムチの側面を活用する。依頼は、要求する、威嚇や警告を与える、あるいは人々を常にチェックし口うるさく言う、といった行動で構成されることになる。神経性的傾向の強い人たちは不安定で一貫性がないため、リーダーにとって効果的なのは依頼を選ぶことだ。

マインドセットを把握する② 価値観

強い価値観に基づいて動く志向性を持つ人たちは、インスピレーションを与えて訴求する場合に理想的な対象となる。彼らの価値観に直接訴求することで、求める行動がたとえ大きな努力と継続性が求められるものであっても、行動への強いコミットメントと献身が生み出される。

マインドセットを把握する③ 情緒的傾向

情緒的傾向を活用するとは、他の人たちの感情に訴えるということだ。すなわち、インスピレーションを与えて訴えることを意味している。リーダーは他の人たちの感情を増幅するか、適度に緩和することにより、望んでいるコミットメントを達成することができる。

◆不安　事態が後退すると不安になる傾向のある人たちは、不安感を低下してくれる、あるいは上昇させるようなインスピレーショナル訴求のよい対象である。この訴求においては、次のような表現が用いられる。「みなさんは心配することはない。なぜなら……」あるいは、「もしあなた方が行動を起こさなければ、ひどい結果が待っているだろう……」

◆怒り　事態が後退すると怒りを経験する人たちは、怒りを減少させる（「私はあなたの味方だ……」）あるいは、怒りを呼び起こす（「彼は、あなたを攻撃している。あなたは、対応しなければならない……」）インスピレーショナル訴求のよい対象である。

◆悲しみ　事態が後退すると悲しみを経験する人たちは、感情的な支援の提供を申し出る、インスピレーショナル訴求のよい対象である。思いやりと合わせてこのような支援の申し出をすることは、影響力の行使にとって効果的なアプローチだ。

表11-1は、WAPLの枠組みによる分析結果に基づき、最も効果的な影響力行使アプローチをまとめたものである。

表11-1 WAPLの枠組みを使い、状況に合った影響力行使アプローチを選ぶ

WAPLの枠組みの次元	お勧めの影響力行使アプローチ
1. 状況の文脈	
複雑、あいまい、急速な変化。感情的な要素の多い状況	ソフト戦術、 インスピレーショナル訴求
単純、明快、緊急を要する状況	ハード戦術、 あるいは単純なソフト戦術
2. ノウハウ（知識、経験）	社交辞令、 あるいはインスピレーショナル訴求
3. スキル、能力	社交辞令、 あるいはインスピレーショナル訴求
4. マインドセット（思考様式）	
パーソナリティ ― 外向的	インスピレーショナル訴求
パーソナリティ ― 勤勉	社交辞令
パーソナリティ ― 協調的	正統化
パーソナリティ ― 開放的	合理的説得
パーソナリティ ― 神経症的傾向	依頼
価値観	インスピレーショナル訴求、 価値観に訴える
情緒的傾向 ― 不安	インスピレーショナル訴求、 不安感をそそる
情緒的傾向 ― 怒り	インスピレーショナル訴求、 怒りをあおる
情緒的傾向 ― 悲しみ	インスピレーショナル訴求、 情緒的支援を与える

アプローチの組み合わせ戦術

人によっては、単一ではなく複数の特色や、特定のスキルの組み合わせを持っている場合がある。たとえば、ある人は非常に経験が豊富で、スキルがあり、理性的で、外向的だが、不安度の高い傾向があるかもしれない。WAPLの枠組みのこうした次元を持つ個人に対しては、異なるアプローチが必要になる。では、どのアプローチを選べばよいだろうか？

有効なリーダーシップが、一度限りの影響を与える働きかけであることはまれである。事実、リーダーが変革を求める場合は、長期間にわたり、いくつかの影響を与えようと試みることが多い。しかも、影響力を行使するアプローチを組み合わせることは、さほど難しくない。

CHAPTER3で触れたファルベとユークルの研究で、2人はどのアプローチの組み合わせが最も効果的なのかを調査した。その結果を整理したのが、**図11-1**である。

単一のハード・アプローチ、あるいは他のハード・アプローチとの組み合わせは、コミットメントを作り出す点で、およそ同等の効果であった（あるいは効果は低い）。一方、

図11-1 影響力行使アプローチの組み合わせがもたらす結果

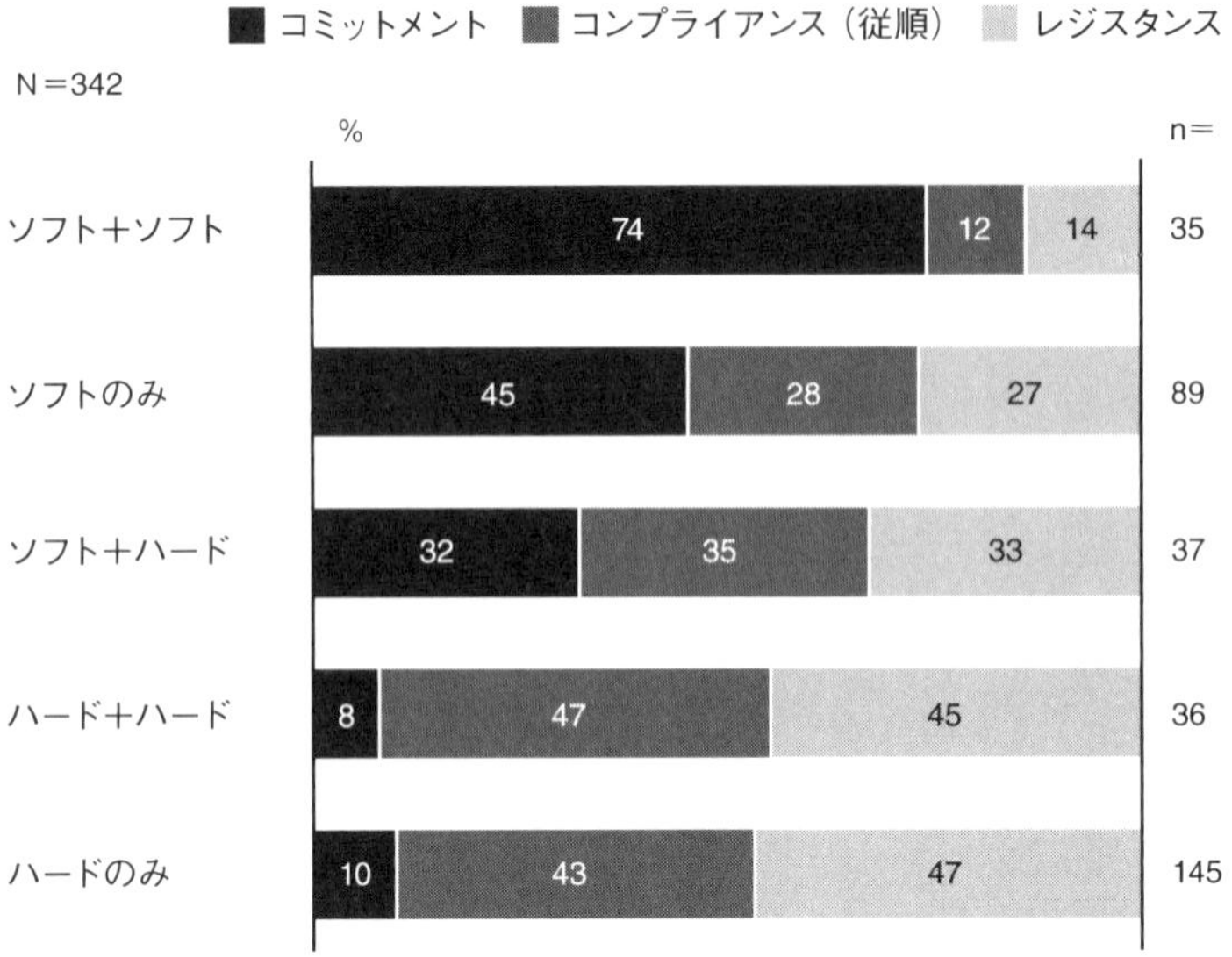

出典：C. M. Falbe and G. Yukl, "Consequences for Managers of Using Single Infl uence Tactics and Combinations of Tactics," *Academy of Management Journal* 35, no. 3 (1992): 638-652.

ハード・アプローチの組み合わせに比べ、ソフト・アプローチの組み合わせは、強いコミットメントを作り出すうえで非常に効果的である。

一つのソフト・アプローチだけを試みるよりも、複数のソフト・アプローチを組み合わせて用いると、その要請を受けた人たちのコミットメント・レベルはさらに上昇する。

さて、あなたが普段、組み合わせ戦術を使う場合、どの影響力行使アプローチをよく用いるだろうか？

ここでの重要な質問は、あなたが影響力を行使したい人物にかかわるものである。その個人が持つ、最も顕著な性格の次元は何だろうか？　たとえば、その人は、特定の価値観により強く突き動かされているだろうか？　あるいは、その人は、極端に外向的な人物だろうか？　または、その人は、よく怒り、苛立ってしまう人か？

相手の顕著な性格こそが、影響力行使戦略において、選ぶべきアプローチとトーンを定義する材料である。

＊＊＊

ジェームズは困っていた。彼には助けが必要だった。ＷＡＰＬのフレームワークとマークからもらった論文を読んで学んだ後、特定の個人に対する影響力行使アプローチを、個人に合わせて仕立て上げることができたなら、ジェームズは自分のキャリアを救い、メンターとの人間関係を修復できるのだろうか？　マークに連絡を取り、カールとの信頼回復戦略を考える時間となった。

CHAPTER 12

「カールの信頼を取り戻さなくてはならない」

ジェームズとインフルー社の物語⑥

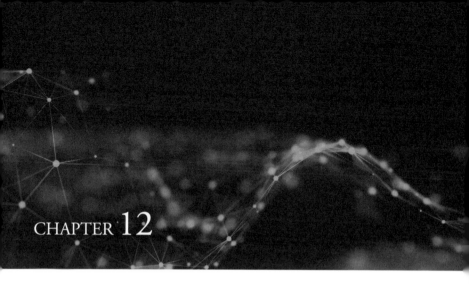

カールをWAPLシートで分析する

月曜日の昼食時、ジェームズはマーク・ジェンセンの事務所を再度訪れた。彼は、持ってきたサンドイッチの包みをテーブルに置き、報告書を取り出した。「マーク、きみのWAPLシートをカールの背景分析に使ったよ。すごく役に立った」。彼は、カールに関する具体的項目を記入した書類をマークに渡した。

「カールのことが、ずっとよく理解できたと思う」とジェームズは続けた。

「彼の遺産とも言うべき会社が、今や危機に瀕している。それに、僕は彼とのやりとりがどんな文脈となっていたかがよくわかったし、なぜ彼がプレッシャーを感じているのかもわかったんだ。彼はあと2年で引退するけれど、引退後に何も期待するものがない。それに、僕が彼の唯一の子供であるインフルーを、彼の役割の継続も設定せずに盗もうとしている。おまけに、僕は彼に対して、特別扱いもせず、お礼の気持ちも、尊敬も十分には見せていなかったかもしれない。それに、僕には彼のマインドセットが理解できる。きみの3つのレンズを通して見ると、彼は達成と尊敬、それに忠誠心に価値を置いている。ところが、この点で僕は落第だった。彼は内向的で、どちらかと言えば怒るタイプの人だ。怒りこそが、おそらく彼の顕著な特徴だな」

表12-1 WAPLシートを使ったカールの分析

レンズ	重要な質問	具体的事例説明
1. 文脈	■ その人は何を達成しようとしているのか？	■ カールは、インフルーの成功に焦点を当てている
	■ その人の得るもの、失うものは何か？ ー直近では？ ー長期的には？	■ 彼は、2年後に引退する ■ 彼は、待ち望むものは何もないに等しい
	■ その人が率いる会社または組織の業績は？	■ カールが築き上げた遺産に等しいインフルーは危機に瀕しているのかもしれない
	■ 本人の業績はどう見られているのか？	■ カールは、私が彼の唯一の「子供」―インフルー―を盗もうとしていると、感じているかもしれない
	■ 組織で期待されている振る舞い、および文化は何か？	■ 彼は、私が十分な感謝、敬意、尊敬を示して彼を取り扱っていないと感じているかもしれない
	■ その人を取り巻く人々（例ー上司、同僚、直属の部下）は、どのような影響を受けているか？	
	■ その人はプレシャーを受けていると感じているか？	■ 彼は、インフルーの成長を保証するようプレッシャーを感じているかもしれない
	■ 文脈に関して、他の関連事項	
2. ノウハウ	■ その人は何を（技術的知識）知っているのか？	■ カールは、インフルーで成功した、イコンのような前任CEOである
	■ その人が関連した経験は何か？	■ 彼は、事業で失敗したことがない。少なくともこれまでは
	■ 過去の成功や失敗経験は？	
3. スキルと能力	■ その人は何が得意なのか？	
4. マインドセット	■ その人のパーソナリティすなわち性格的傾向は何か？（開放的、勤勉だ、外向的、協調的、神経症的など）	■ カールは、どちらかと言えば内向的だ
	■ その人は、どのような価値観を持っているだろうか？　その人は、自分の期待や、他人の振る舞いを説明するのに、どのような語句を使うだろうか？　その人の振る舞いは、価値観と一貫しているか？	■ 彼の価値観は、達成、尊敬、忠誠心である
	■ その人の最も目立つ情緒的な傾向、または傾向の組み合わせは何か？（不安、怒り、悲しみ）	■ 彼は、「怒り型」の人格で、どちらかと言えば攻撃的だ
	■ その人の最も顕著な思考様式上の次元・軸は何か？	■ 攻撃的が、おそらく彼の最も顕著な思考様式の次元だ。

思考様式は変えられないが、影響は与えられる

「そうだね。もしきみの仮説が正しいなら……」マークが続けようとしたとき、ジェームズが口をはさんだ。

「もちろん僕は正しいさ。100パーセント正しいかどうかはわからないが、十分正確だと思うよ。それで、僕のとるべき行動は、何だろう？　彼のところに行って、僕に対する今の彼の態度について話すのがいいのかな？　それとも、彼がなぜ怒っているのかについて話すのがいいのかな？」

「それは、どちらもうまくいかないだろうね。カールは内向的な人だし、たぶん防御的になっている。彼は、自分の感情について、きみとは話したくないと思うよ」

「じゃあ、どうすればいいのかな？」

「そうだね……」とマークは提案した。「WAPLの枠組みを使ってみよう。このフレームワークは、4つの要因が振る舞いを駆り立てていると仮定している。その人物の文脈、その人の知識と経験、その人が持つスキルと能力、それに思考様式だ。きみは、この4つの要因のうち、どれに影響を与えることができるだろうか？」

「うーん……、ちょっと考えさせてくれないか。僕には彼の文脈はほとんど変えられないな。

でも僕には、彼が築いた遺産を返すことができるかもしれないし、継続的な役割を彼に設定できるとも思う。そうすれば、彼へのプレッシャーを減らすことができるし、たぶん僕へのプレッシャーもね。インフルーの達成成果と今期の実績に関して、僕の公的立場を目立たなくして、彼の役割を社外に強調すればいいと思う。そうして彼がもっと輝けるようにすればいいんだ。彼が引退した後、僕のアドバイザーになってくれるようにお願いしてはどうだろうか。実際、彼の助言に助けられてきたんだから」

「それは良い考えだね。でも、それは計画の第2幕だよ」

「どういう意味かな?」

「つまり、きみのその計画は、来週の取締役会が終わってからでないと実施できないからだよ。他の人たちが考えているカールの役割と、きみの役割を変えるには、時間がかかるよ。それにきみは、カールの行動を変えさせるよう、何らかの影響を与えることを、取締役会の前かその最中にやらなくてはならないんだよ。きみの計画には第1幕が必要なんだ」

「そうだね。きみの言うとおりだ。でも、僕には彼の知識や経験は変えられないし、彼のスキルも無理だ。しかも、彼の思考様式も、たぶん僕には変えられそうにない。四面楚歌だね」

「そうかなあ? 彼の思考様式は変えられないかもしれない。でも、きみには、彼を会話に引き込み、影響を与えることができるのではないかな。きみが知っている彼の思考の癖について、理解していることに基づいて説得するんだ」とマークは提案した。

「どういう意味かな?」

「僕たちは、カールが達成、尊敬、忠誠心に価値を置いていると仮定した。もう一つの仮説が、彼はどちらかと言えば怒ることが多いと仮定した。事実きみは、怒りが彼の最も顕著な特徴だと言っただろう。彼はおそらく、きみが尊敬を示さず、忠誠心も示していないと感じているのではないかな。そして彼はきみのことを、自分を裏切った人物だと見ているのかもしれない。きみは彼のところに行って、彼の感情に訴えなくてはいけないんだ。きみは、(彼の視点から)自分がやったことに対して謝り、彼の怒りを鎮め、怒りを減殺しなくてはならないんだ。きみは、彼に対して感じている尊敬、忠誠心、それに彼への支持を、口に出して言わなければならないかもしれない。僕には、こうしろとは言えないんだ。きみが、彼のことをいちばんよく知っているだろう。きみ自身、いちばん良いタイミングを見つけて、いちばん良い話し方で伝えるんだ。それが第1幕だよ。もし取締役会がうまくいったなら、第2幕をきみが実施するんだ」

「なるほど、たしかにそうだね……。少し考えてみるよ」とジェームズは言った。「どちらにせよ、来週の取締役会の前に、カールに会って話をしてみるよ。そして、どうだったのかをきみに知らせる。ありがとうマーク。きみは僕の思考を、本当に広げてくれた。おかげで、この状況に対応できるかもしれないと希望が持てた」

誤解は解けた

数日後、マークはｅメールを受け取った。

Ｔｏ：マーク・ジェンセン
Ｆｒｏｍ：ジェームズ・ロビンソン
Ｒｅ：機密

マーク、
昨日、口実を設けてカールの自宅に行ってきた。きみの提案どおりにしたよ。僕の尊敬の気持ちと、彼を見上げる立場であり、前のように一緒に仕事をしたい、と言ったんだ。それから、シンガポールの問題についても、彼に事前に相談しなかったことを含めて、他の件も併せて謝った。

彼は、反応を示さず、実際よそよそしく、冷淡だった。とにかく、僕が彼の家から出たときには、家に行く前よりも心配な気持ちで、彼を訪問したこと自体がまた失敗だったのかと思いながら帰宅した。ところが今日、彼が僕の部屋に来たんだ。彼は、僕を許すと言ってくれた。また一緒に仕事をするのを楽しみにしていると言ってくれた。想像してみてくれないか！　おまけに、彼が僕を守るから、今度の取締役会のことは心配するな、と言ってくれたんだ。素晴らしい結果だ！

ありがとう。

ジェームズ

PS・きみが言ったとおりだ。すべてのことは、個人的だね。

To：ジェームズ・ロビンソン

From：マーク・ジェンセン

Re：機密

ジェームズ、うまくいってよかったね。でも、来週の取締役会で何が起こるのかを見てから喜ぶようにしよう。

言葉は大事だけれど、人の振る舞いのほうが決定的だ。でも、今度もうまくいくと確信している。そして、もしうまくいけば、僕たちの計画の第2幕を、ただちに進めるよう提案する！

では、また。　マーク

1週間後マークは、ジェームズからのもう1通のメールを受け取った。

Ｔｏ：マーク・ジェンセン
Ｆｒｏｍ：ジェームズ・ロビンソン
Ｒｅ：機密

やあ、マーク、

取締役会が昨日あり、長時間、シンガポールの件について話した。僕は針のむしろにいる気分で、冷や汗をかきどおしだったし、感情的な議論だった。だが、カールが僕の味方だった。彼は、こうした失敗は起こりうるものだが、取締役会は拡大戦略全体の文脈から見るべきだ、と話してくれ、これがとても成功したんだ。

彼はまた、彼以外に思いつかないようなことを発言したんだ。つまり、取締役会にもまた一部の責任がある、と。こうした重要なプロジェクトには、取締役会がもっと積極的に、もっと直接に加わり、見ていくべきだったと言ってくれたんだよ。最終的に、取締役会メンバー全員が、彼の意見に合意したんだ。

取締役会は、重要プロジェクトについて、もっと頻繁に進捗確認の会を開くことに合意したんだが、カールはまさに約束どおり、僕を守ってくれた。

本当に僕は、気持ちが軽くなった！

きみが提案してくれたように、今から第2幕を始めるつもりだ。

きみには世話になった。本当に心から感謝している。きみは僕のキャリアを救ってくれた！　ということは僕の命を救ったんだ！

感謝とともに。

ジェームズ

＊＊＊

ジェームズは、絶好調軌道に復帰した。彼は、インフルー社の業績を立て直し、いくつかの急成長プロジェクトに点火し、会長との関係を修復した。

しかし、残念なことに、物事は考えたほどにはうまくいかなかった。

PART IV

Inspiring at Scale

大規模な組織に
インスピレーションを与える

CHAPTER 13

「きみに提案があるんだ」

ジェームズとインフルー社の物語⑦

インフルー社に買い手が現れた

6カ月が経ち、強い協力態勢の下、ジェームズの率いるトップ・マネジメントチーム全員とのやる気に満ちた関係が確立され、成長分野の種はそこそこ芽吹いたものの、インフルー社の業績はまた低迷を始めていた。

最近発表された市場データを見ると、3つの事業ユニットの業績は再度横ばいとなっており、活動こそ盛んになっていたが、全体の売上げはほとんど成長しておらず、さらに深刻な問題として、市場シェアがまったく伸びていなかった。

投資を拡大したにもかかわらず、米国の競合企業はインフルーに先行したままであり、アジアの競合企業も血液診断機器分野でインフルーを負かしていた。わずかに成長を示していたのは、唯一医療機器事業であった。ヨーグはほとんどの品質問題を解決していた。ジェームズの期待どおり、ヨーグは非常に整理整頓が上手で、効果的であり、細部への注意を払っていた。そのため彼は、問題をすぐに解決し、予定どおりに、また期待どおりに事業運営を進めていた。

その他の2つの事業は、厳しい後退を余儀なくされていた。高額な投資をしたクウェンティンの新製品発売は失敗し、メアリーとジェームズのどちらの期待にも反して、分子診断機器事業の業績向上にメアリーは苦闘していた。

ジェームズの努力のおかげで、3人の事業部門長のやる気を何とか引き出したものの、医療機器部門の一部の例外を除いて、変革はチームが望んだようには進んでいなかった。組織全体の変革のプロセスは、まだら模様だったのだ。良いところもあったが、一貫しておらず、勢いに欠けていた。

会長のカールはジェームズを支援してくれていたが、取締役会は前進のないことに苛立っていた。その結果、インフルーよりも小さいが成長力のある競合企業に、会社を売却する機会を検討することになってしまった。カールがこっそり話してくれたのだが、彼の言葉はジェームズの頭を離れなかった。「うちを買いたいという企業が現れたよ。僕は反対なんだが、取締役会は検討したいと言っている」

「検討だって？　もし取締役会が売ると言ったら、どうなるんだ？　僕は、どうすればいいんだ？　他の社員は、僕が失敗したと考えるのだろうか？」とジェームズは心配になった。彼には助けが必要だったが、誰に助けを求めればよいのか、今回はわかっていた。

彼はマークに電話をかけ、通常の月次のミーティングを、翌日の土曜日の朝に変更してもらえないかと申し出た。マークは、ジェームズの声から緊急性を感じ取り、変更することを喜んで受け入れた。

インスピレーションで巨大組織の変革が可能か

「マーク、週末にスケジュールを入れてくれてありがとう。インフルーにまた、危機の時が来たんだ」とマークの事務所に入る早々、ジェームズは言った。

「退屈な時間というものはないね」とマークはうなずき、「何が起こっているのか、話してくれないか」と言った。

「そうだね。僕のチームはやる気を出していて、動機づけも良いと感じているんだが、組織全体が動かないんだ」とジェームズは答えた。「カールは僕を支援してくれているし、心からやってくれている。でも悪いことに、取締役会からの悪いニュースもたくさん届けてくれるんだ。取締役会は、僕への信頼を失いかけていると思うんだ。会社はお金を動かしてはいるけど、成長していない。彼らが求めているのは成長なんだよ」

ジェームズは、インフルー買収の話はしなかった。それはインフルーが上場会社で守秘義務があったからだ。彼は自分の個人的な欲求不満や、失敗に対する恐怖はマークに話すことができた。

「わかるよ」とマークは言い、「インスピレーションをベースにしたアプローチを、もっと事業部門長に対してやってみてはどうだろう？　きみときみの会社にとり、彼らの役割は成否を決めるものだし……。もう一度彼らの心に火をつけてはどうかな?」

「だめだよ、マーク。わかってるだろう、僕はもう、感情移入型による質問をやって、より個人的なレベルで同僚たちとつながり始めているんだ。これで十分かどうかはわからないけど。僕の感じでは、部門長は目的を1つにして頑張っているんだが、組織全体が動いていないんだ。変化はポツポツと起こっている。でも、組織全体の変化は止まっているんだ」

「なるほど。きみはとても苛立っているね」

「たしかにそうだ……。マークは何を提案してくれるのかな? 僕の考えでは、チームのやる気を上げ、インスピレーションを与える点では、僕はずいぶん上手になっていると思う」とジェームズは言った。そして、頭を振りながら、こう続けた。「でも、どうすれば僕と僕のチームの人間が、活動の規模を拡大して、組織全体の社員の動機づけを行えるんだろう? 時間はもう、そんなにないんだ。どうすれば、組織全体が変わるのを加速できるんだろう? 巨船クイーン・メリー号の方向転換みたいなものだ。僕たちはインフルーの全社、つまり巨船全体が、成長を目指して一体となって働くようにしなくてはならないんだ! しかも、急いでやらなくてはならない。とても不可能だよ!」

マークは、ジェームズにタイプ打ちの書類を渡しながら、「これは、僕が書いた短い論文だ。僕の考えでは、これが役に立つと思うよ。この論文には、インスピレーショナル・リーダーシップを大規模な状況に活用するやり方が書かれている。来週の半ばにまた会って、相談しよう」と言った。

「これに、巨大組織の変革を加速するやり方が書いてあるのかい？　あの巨大客船クイーン・メリー号なみの状況が？」とジェームズは尋ねた。

「そのとおり。面白い読み物だと思うよ」

「ありがとうマーク。きみが宿題をくれると、いつも元気が出るんだ」と言って、やっとジェームズは微笑んだ。

「どういたしまして」とマークも微笑みを返した。「それから、きみのご家族によろしく」

CHAPTER 14

大規模に、意図的に影響力を行使する

最も偉大なリーダーは、必ずしも最も偉大なことをやる人ではない。それは、最も偉大なことを人々にやらせる人である。

——ロナルド・レーガン

組織にインスピレーションを与えることが可能か?

CHAPTER11で、他の人々に意識的に、また意図的にインスピレーションを与えるアプローチを説明した。このアプローチは、組織に対しても通じるだろうか? 組織には、内在する動機づけ要因が存在するのだろうか? 組織には、価値観や感情があるのだろうか?

答えはイエス。ある種のものが存在する。

それぞれの組織には、固有の文化、あるいは信条の組み合わせや価値観があり、それらは組織のメンバーに共有されている。会社のメンバーであれば、他の人たちを手伝う(例—患者、顧客)、言行一致、尊敬、効率的に仕事をする、といった価値観を共有しているだろう。リーダーはこうした共有価値観をテコにして、人々を動かすことができる。

たとえば、健康産業の組織の業績向上を図りたいときに、患者を治療するという価値観に訴求すれば組織を動かせるかもしれない。

また、一団の人々は感情を共有することができる。前に説明した感情の伝染プロセスを利用して、一団の人たち、組織単位、ときには組織内のすべての人々に、広く共通した感情状況を生み出すのである。組織の感情状況を知っていれば、リーダーはその状況に刺激を与え、大きなグループの人たちを動かすことができる。たとえば政治リーダーであれば、一国の怒りや欲求不満の感情に語りかけ、変化を望む選挙権者を動かすのである。

次の2つのステップを踏んで、インスピレーショナル・リーダーシップを大規模に、意図的な行為として構成することが可能だ。

第1に、組織に内在する動機づけ要因、すなわち価値観と感情の状況を理解することである。

第2に、組織のメンバーの振る舞いに影響を与える4つのテコを用いて、組織に変革をもたらす。4つのテコとは、コミュニケーション、ロールモデル、インセンティブ、それに能力である。これら4つのテコは影響力行使モデルであり、単純だが学問的に地に足のついた研究に基づいており、リーダーが企業変革を成功に導くのに必要なステップを計画するための枠組みとして知られている。
この2つのステップを、もっと詳細に説明しよう。

組織に内在する動機づけ要因を理解する

組織の価値観と感情の状況という概念について簡単に説明し、どうすればそうした概念を確認できるのかを説明しよう。

組織の価値観

組織の価値観という概念については、研究者や管理職にある人たちが、企業文化という概念の中で語ることが多い。文化という概念は、主に社会学や文化人類学の用語である。彼らの文化の定義は、あるグループや組織に属する人々が共有する、一組の価値観だということだ。

いくつかのアンケート形式の質問表を使って、あなたの会社の企業文化を測定することができる。また、組織の使命やビジョンの宣言などが、関連する価値観を見つける一助となることも多い。

組織の情緒状態

一団の人々、ときには組織全体の人々が、ある感情の状況を生み出すことがある。CHAPTER7で説明したように、人々が互いに近くにいると常に感情は伝染する。もし、その感情が十分に強いものであり、十分な時間があれば、それは組織全体に拡散し、共有感情を創出する。私たちは、この共有感情を組織の情緒状態と呼ぶことにする。

グループや組織の情緒状態を知るには、グループのメンバー個々人から自己申告してもらったものを集め、総合した結果を見る、あるいはグループを外から眺め、感情的なジェスチャーやヒントもしくは振る舞いを探し出す、という2つの方法がある。[*1]

組織に変革を求める

組織にインスピレーションを与えて変革を求めることは、1人の個人にインスピレーションを与えるよりも、ずっと複雑である。それにはいくつかの次元にわたる行動をとる必要があり、次元には、コミュニケーション、リーダーたちのロールモデルとしての行動、能力向上への投資、組織の機構およびインセンティブ制度の変更などがある。これらの次元は、影響力行使モデルに示されている。[*2] このモデルは、個人が自分の行動や振る舞いを変えるのは以下の事柄が起こった場合だ、という仮説に基づいている。

1. 人々が尋ねるか、それとも言われて、変革の内容を理解し、変革の必要な理由を信じるようになる。

2. リーダーたちやその他の人々が、ロールモデルとして必要な行動をとるのを見る。ロールモデリングは、次のような場合に最も効果的である。人々が、ロールモデルのようになることを望んでいる場合、ロールモデルと何らかのつながりを持つと感じている場合（類似の背景、年齢などのため）、それにロールモデルが簡単に成功を達成した場合ではなく、困難に立ち向かって成功した場合である。誰が見ても困難であり、乗り越えなければならない苦難に打ち勝って成功したロールモデルは、インスピレーションを与え、「フォロワーシップ」を生み出し、自分たちの行動のまねをするフォロワーたちを引き付けるのである。[*3]

3. 振る舞いを変えて行動し、その中で新たなスキルや能力を身につけていく、すなわち、やってみることで能力を身につける成長である。やってみることによる成長は、機能的な、あるいはリーダーシップ能力の形成に向けて繰り返し試行すること、と定義される（目標を達成し、同時に試みることにより学ぶ）。特定の行動を実施するのに必要なスキルや能力を開発するには、段階的な成果を繰り返し獲得していくことが、その道をマスターするのに最適な道筋である。リーダーはフォロワーに対して、そうした能力の形成に、野心的ではあるが達成は可能な目標を設定することができる。そうした目標を達成することにより自信が生まれ、人々は次第に、自分自身にもっと野心的な高い目標を課すようになっていく。また、リーダーは、人々が能力を身につけるペースを見ながら、オン・ザ・ジョブ・コーチングやメンター制度を実施することにより、成長のスピードを加速することが可能だ。[*4]

4．変革は、行動に影響を与えるリーダーが設定する文脈（文脈の次元については、WAPLの枠組みを参照）のような強化メカニズムを通じて発生する。強化メカニズムには、期待値の変更、人々に説明責任を持たせる、インセンティブ制度の改善、組織機構やプロセスの変更などが含まれる。

影響力行使モデルの4つの次元を、**図14-1**に示した。

図14-1 組織に変革をもたらす4つのテコ

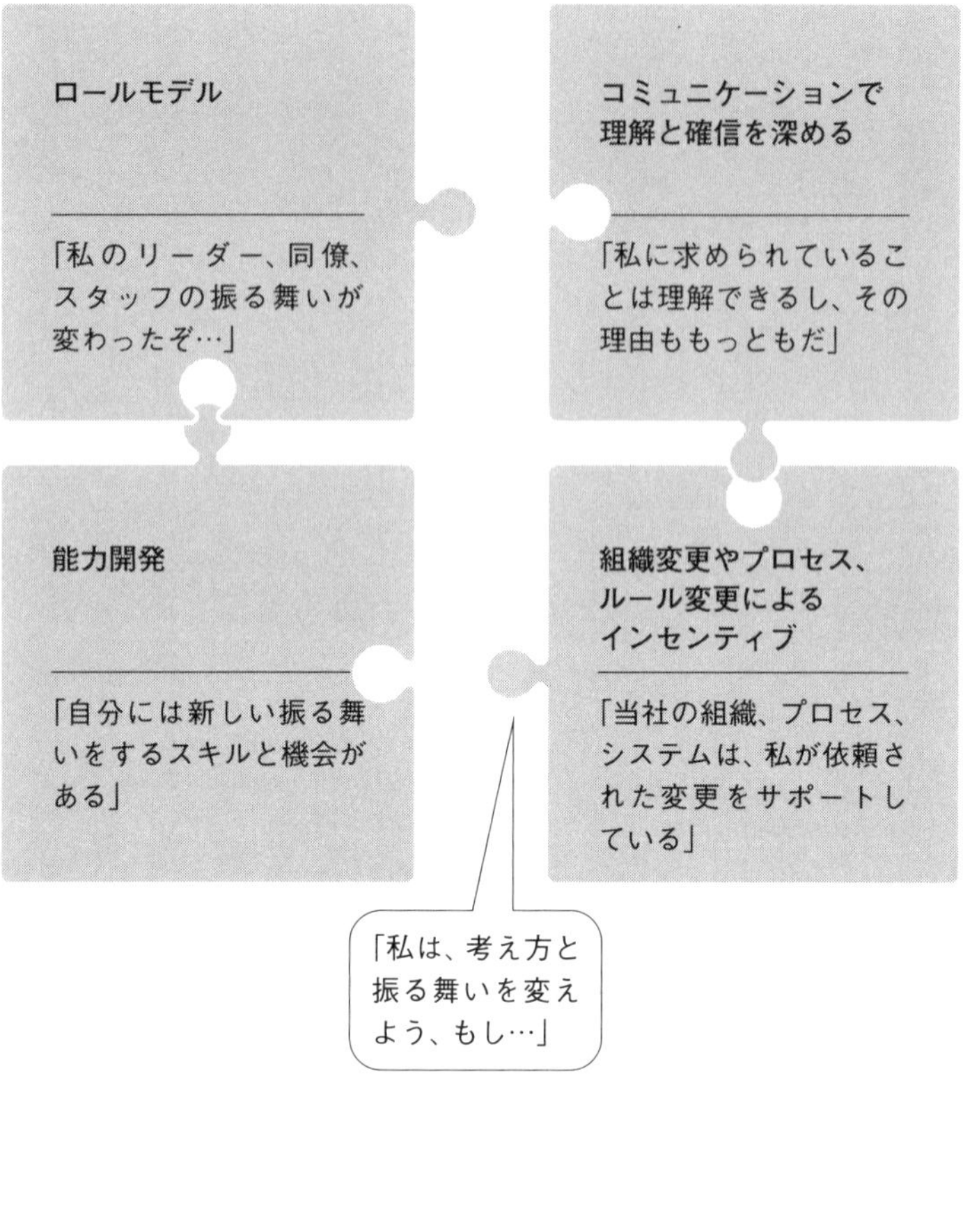
ロールモデル
「私のリーダー、同僚、スタッフの振る舞いが変わったぞ…」
コミュニケーションで理解と確信を深める
「私に求められていることは理解できるし、その理由ももっともだ」
能力開発
「自分には新しい振る舞いをするスキルと機会がある」
組織変更やプロセス、ルール変更によるインセンティブ
「当社の組織、プロセス、システムは、私が依頼された変更をサポートしている」
「私は、考え方と振る舞いを変えよう、もし…」

インスピレーションにより突き動かされる変革

インスピレーションにより突き動かされる変革は、組織に内在する動機づけ要因に的を当てたものである。この点を、影響力行使モデルを使って説明しよう。そうした変革には、次の4つの特徴がある。

1. 変革の物語は、支配的な組織文化の価値観に訴求し、全組織に普及している感情（情緒状態）を高めるものとなる。変革の物語全体は、組織の大半の人たちが持つ価値観に訴え、組織の情緒状態に触れるものである。

変革の物語は、感情に訴える事例や比喩によって生き生きとしたものになり、ずっと強力なものとなりうる。

リーダーというものは、ビジョンや戦略の叙述を、一連の一般的な記述や事実を用いて作成することが多い。だが、私たちの脳は、空虚な一般的な叙述や事実のリストを記憶することには向いていない。脳は、感情に訴える物語や比喩を記憶することのほうが、ずっと得意なのだ。

「会話の画像処理、すなわち物語化こそが、私たちの思考の根本的な道具である」と、脳神経科学者のロバート・ターナーは書いている。私たちの思考、私たちの経験、そして私たちの知識は、それぞれ物語の形で整理されている。[*5] ハリウッド、そしてインドのボリウッドは、物語を私たちに紡いで見せる。聖書も物語だ。そして、歴史上、インスピレーションを与える点で最も優れたリーダーであった、ジョン・F・ケネディとウィンストン・チャーチルは、比喩とポジティブなビジョンを提示する稀有なストーリー・テラーであった。[*6]

強力なメッセージを伝えるために、変革の物語は組織中に、細く分かれた滝のように流れ落ち、事業分野、地域あるいは機能により異なる価値観や感情を反映し、洗練され、調整されていく。すなわち、インスピレーションにより突き動かされる変革では、それぞれ個別のユニットの価値観と感情が大きな意味を持つ。

2. 組織の中のリーダーは全員が、変革の物語に反映されている価値観のロールモデルでなければならない。それぞれの事業、地域、機能の単位のリーダーは、価値観のロールモデルを務め、彼あるいは彼女の変革の物語に埋め込まれた、さまざまな感情を刺激しなくてはならない。これが、企業リーダーの変革の物語の、枝分かれした細い滝の最終結果なのだ。

3. 変革の物語に埋め込まれた戦略の実施から生じるスキルや能力を築くには、人々にその力を与えることだ。変革の物語がどの個別ユニットにも適応するように、リーダーシップと能力構築の介入もまた、ぴったりと調節しあうのである。

インスピレーションにより駆り立てられた変革では、人々の能力を構築することはリーダーの責任である。先に述べたように、リーダーは部下の人たちの機能あるいはリーダーとしての資質にかかわらず能力を築いていくが、それは徐々に達成しながら向上させていくプロセスである。リーダーは、部下の人たちの対応力の向上を、メンタリングやコーチングで加速することができる。

教室と現場の両方での能力構築プログラムを用いて、リーダーの努力を補完することが可能だ。そうしたプログラムでは、教室で行われるワークショップに出席し、新たなスキルを学び、仕事の現場に専門家が来てコーチングを行うのである。

4．リーダーは、人々に説明責任を持たせ、意思決定をし、自分たちの仕事を決めるように組織の細部を設計し、リスクを取らせ、イノベーションを行うことを許容するように組織機構を変更する。

巨大で複雑な組織で苦闘する人々をどうエンパワーするか

今日の巨大で複雑な組織のリーダーたちの多くは、意思決定が難しい状況に直面している。地球上のさまざまな地域に分散した事業所を持つ事業を管理するのに、企業によっては地域的組織や、その下のサブ・リージョナル管理機構を導入している。また、グローバルなポリシーが確実に実行され、世界的な規模の経済を達成するために、多くの企業が、IT、調達、人事、財務といった機能面の2番目の「軸」を強化してきた。また、多くの企業が、マーケティング・センター、顧客セグメンテーション、販売チャネル機能の集中化を試み、各地のベスト・プラクティス情報を地域や国を越えて共有することを奨励している。

もともと単純な水平組織機構であった「(テイラーの)科学的管理の遺物」と呼ばれる組織モデルは、企業が「2番目の管理軸」を許容していく中でマトリックス組織を積み重ねた結果(ときには数層も)、複雑な組織となってしまった。企業によってはさらに、検討グループ、イノベーション委員会、あるいはクロス・ユニット製品検討会などの、その場限りの特別なアドホック組織が加わっている。多くの大企業が、広範な相互依存関係があり、非常に密度が高く深い関係を持ち合う組織機構を作り出してきている。そうした状況では、説明責任はあいまいとなり、巨大な時間が社内調整に使われてしまう結果が生じがちになっている。

リーダーたちが、自分たちの管理する組織を単純化し、自社のメンバーをエンパワーするには、いくつかの方法がある。[*7] その方法の1つが、「自律的に業績管理を行う組織」という概念に沿って組織を変更することだ。そうしたユニットであれば、明確な業績管理計画を持てるだろう。

この概念が初めて適用されたのは、ゼネラル・モーターズ（GM）の事業本部制にまつわる組織変更の時期においてであり、長くGMの社長および会長を務めたアルフレッド・スローンが導入したものであった。1950年代に、彼は、それぞれが独自のブランドそして損益計算書を持つ、5つの本部にGMを分割した。このことによりGMの成長が解き放たれ、当時、世界最大の企業となることができた。[*8]

しかし、自律的業績管理組織の概念は、本部レベルで留まることはない。この概念は、事業ユニット、地域別ユニット、チーム、あるいは中央集中化サービスとなりうるし、実際に適用されてきた（プロクター・アンド・ギャンブル社の「グローバル・ビジネス・サービス」や、ネスレ社の中央集中製造組織など）。

自律的業績管理組織の3つの共通点

どのレベルであろうと、自律的業績管理組織には3つの共通点がある。まず業績達成を測定する数値の設定があり、自身のセルを組織化する自律力を保持し、期間を設定した学習サイクルが存在することである。

1. **測定基準**　特定の目的の種類と各セルの活動の種類により、業績達成の測定基準は異なる。事業ユニットであれば、損益によるスコアカードであろう。少数営業や顧客管理チームであれば、測定基準はクロスセリング率、収入額、あるいはサービスの質であろう。少数製造チームであれば、スコアカードには、デフォルト割合、スクラップ発生率、および単位原価が含まれるだろう。

2. **自身の組織を作る自律性**　業績達成セルは、自らのとった行動の結果や成果を、継続的に改善することが可能だ。会社は、それぞれのセルがその目標を達成するのに必要な資源について、決定権をセルに持たせている。たとえば、会社が地域の組織機構を変えたければ、変える権限を持たせる。非常に多くの文献の提案では、会社は自治権限や参加型経営管理を制限し、セルに自らの目標設定を任せ、セルに業務の組織化をさせる（自ら指示を与えるチーム）よりも、セル自体の業務を組織化すること（自己管理に任せる）に集中するほうが望ましいとされている。いくつかの研究では、自らの目標を「自ら設定する」セルは、従業員満足度は高くなるが、達成業績は、少なくともチームの段階では高くないことが示されている。[*9]

3．**学習サイクル**　自律的業績管理組織では、定期的な「振り返りサイクル」と呼ばれる学習期間があり、参加者たちが新たな挑戦課題を話し合い、リーダーたちが呵責のない透明度を披れきして討議を重ねるのである（密度の高い情報環境を使い、過剰な楽観主義への傾向と、損失の回避に対抗する）。これが、「小さな部屋に象を入れる」と名づけられた現象であり、全員で協力しあい問題解決を図る活動である。この段階でも、業績達成セルの形成された組織のレベルにより、解決策の性質は異なる。1社全体であったり、大規模な事業ユニットの場合であれば、振り返りおよび学習サイクルは長期間にわたり、四半期あるいは月次の業績評価ミーティングといった脈絡で実施される場合がある。少人数のリーン・チームのような小規模なユニットであれば、学習サイクルは短く、毎日行われることもある。「業績評価」という用語から別の印象を受けるかもしれないが、こうした会議セッションでは過去の実績を振り返り、集まった全員で学ぶことが望ましい。

トヨタの「カイゼン」活動という概念から刺激を受け、多くの企業がさまざまな機能分野にわたり、これまでよりも自律的で、自主管理的なチームを数多く作り出してきている。その結果、今日では、営業、製造、間接業務オペレーションといったさまざまな機能事業部門ごとに、そうしたチームを数多く見出すことができる。こうしたチームは、「リーン・チーム」と呼ばれることが多い。

リーン・チームの実例として、ホール・フーズが挙げられる。このアメリカの会社は、1980年にテキサス州のオースチンで創業された。今では自然食品およびオーガニック食品の世界的リーダーとなり、北米と英国に270を超える食料品店を所有している。この会社全体が、自主管理チームで構成されているのである。チームそれぞれに人材の採用、解雇の権限が与えられており、それぞれのメンバー間でのボーナスの配分権限も与えられている。全員が重要な意思決定者であり、重要なビジネス・データに接する権限を有している。情報の共有が非常に広範に行われているために、証券取引委員会（SEC）は同社の3万6千人の社員全員を、同社株式取引の「インサイダー」と判定している。

＊＊＊

インスピレーションにより突き動かされる変革をどのように設計するのかに関して、より良い理解を獲得したジェームズがインフルー社でどのような対応をしているのか、再度見てみよう。だがその前に、ジェームズの自宅で予期せぬ危機が発生したのだ。

CHAPTER 15

エピローグ

そしてジェームズは語り始めた

ジェームズとインフルー社の物語⑧

愛する者の突然の危機

ジェームズは日曜日に、家族を美味しいシーフード・レストランに連れて行った。食事を終えて家に戻ると、彼は妻のジョアンと居間のソファーでくつろぎ、ジェームズの会社での問題についての会話に熱中していた。

すると突然、娘のエリザベスが階段を駆け下りてきた。居間に駆け込んでくるやいなや、彼女は2人の会話に割り込んで叫んだ。「お父さん、お母さん！　急いで来て！　マックスの具合がとても悪いの！」

2人が階段を駆け上がってマックスの寝室に入ると、マックスが荒い息をしており、泣き声を出し始めていた。ジェームズが気づいたのは、マックスの顔が赤くなり、腫れ上がっていたことだ。

「お父さん、マックスの腕を見て！」とエリザベスが声を上げ、「最初、腕に赤い斑点が出ていてかゆいと言うので、スキンクリームのチューブを取りに行ってたの。そしたら、息がおかしくなって……、それでお父さんとお母さんを呼びに行ったの。どうしたの？　何が悪いの？」

「きみがしてくれたことは、良かったんだよ」。ジェームズは急いで答え、「でも、マックスを今すぐに病院に連れて行かなくては」と続けた。

恐怖心でいっぱいだったが、娘と妻がパニックにならないように心がけ、ジェームズはマックスを抱きかかえて車に急いだ。ジョアンが男の子を腕に抱き、近くの病院に電話している間に、エリザベスは後部座席に飛び込んだ。ジェームズは、病院の救急救命室に車を急がせた。彼らが病院に着いたときには、救命医師たちが待ち構えていた。素早くマックスの状況を診察し、マックスの酸素飽和レベルは低くなっていたが、症状がひどくはなっていないことを確認した。

医師たちは、今や動かなくなり、ぜいぜい息をし、まぶたが腫れて目をつぶってしまったマックスをストレッチャーに乗せ、待合室から治療室への二重ドアを開けて中に入り、ジョアンがその後を追うように入っていった。救急救命室担当の看護師がジェームズとエリザベスに、治療室には付き添いは1名しか入れないという規則を伝えた。そして、医師たちの所見では、マックスがおそらくアレルギー性のアナフィラキシー・ショックを経験している、と付け加えた。さらに、ERチームがマックスの状態を安定させるために、おそらくエピネフリン（アドレナリンの米国名）を直ちに注射するところだ、と言って2人を安心させ、抗アレルギー薬の注射を常時保持するよう医師に言われたことはないか、と尋ねた。

「いいえ、いいえ……、少し食べ物アレルギーがあり、気をつけていたのですが、このようなひどい反応はありませんでした」とジェームズは答えた。

「では、何か新しいものを食べたのでしょう。こうした突然の反応を示すのだから」と看護師が説明を加えた。「どういう具合か、見てきましょう。後で状況をお話しします」

お父さんの会社で作っていた？

ジェームズは青ざめて震えているエリザベスの背中に手をまわし、待合室の長いすに腰をかけたが、時間の経つのがとても遅く感じられた。2人は夕食に食べたものを1つずつ思い出そうとし、マックスがこれまで食べたことがなかったのは、おそらく小エビだろうと気づいた。ジョアンが小エビを好きではなかったために、自宅での料理に使ったことがなかったからである。

全員が安心できたのは、ジョアンがまもなく待合室に出てきたことであった。「すぐにマックスのところに戻らなくてはならないけど、彼は大丈夫よ。お薬がすぐに効いたの。経過観察のため、一晩は病院に泊まらなくてはならないかもしれないけど、決まったらまた話すわ。もうすぐあなたたちも治療室に入って、マックスに会えますって」

「おかあさん、マックスの安心毛布を持ってきたわ」と言いながら、エリザベスはすっかり古くなった、柔らかいフランネルの四角い水色の毛布をジョアンに渡した。

「よく気がついたわね。リズ」と色あせた毛布を受け取りながらジョアンは言った。それは小さなサッカー選手の弟が、いつも眠るときに抱えている毛布だった。

「あなたは素晴らしいお姉さんね。あなたがマックスの命を救ってくれたのかもしれない。すぐに気がついて私たちに知らせてくれなかったら、どうなっていたか……。先生は、エピネフリンの投与が間に合ったからよかったけど、もっと遅くなっていたならひどい危機的状況になっていたって。このような状態だと、子供は亡くなることもあるんですって。これからは抗アレルギー薬の注射器を、いつも放さず手元に置いておかなくてはいけないって」

「すぐ呼びに来るわね」と言ってジョアンは治療室の二重ドアを開け、看護師さんが通してくれるのを確認して戻っていった。

「お父さんの会社でも、そういうのを作っていたんじゃなかった?」とエリザベスがジェームズに質問した。

「そういうのって?」

「アレルギーの注射よ。マックスがいつも持っていなくてはならない注射みたいなもの。私の知ってる人も蜂のアレルギーで、刺されたときのために備えて、いつも注射器を持っていなくてはならないの」

「それは医療機器事業部だね。インフルーは子会社で数十万本もの医療用注射器を作っているんだ」

「そうしたら、学校の看護師さんにいくつかあげられるわね」とエリザベスは提案した。「マックスは、本当にすぐに打たなければいけなかったし……、学校の看護師さんは注射の訓練を受けているわ。だから、子供の命を助けることができるわ」

「そうだ。あげられるかもしれない」と、ジェームズは感動のあまり声を詰まらせた。「たぶん、あげられるだろう」

そして、突然彼は、なぜインフルー社で働くことが本当に重要なことなのかを思い出したのだった。

マックスの経験から生まれたアイデア

ぎりぎりのところで死を免れた息子を持つ父親として、自分を見つめ直したジェームズは、今や死ぬまでそれ以外の見方をすることはできなくなり、人を救うことの重要性をこれまで以上に強く感じていた。3人の事業ユニットの長は、それぞれが別の理由で会社に入り、別々の背景を持ってはいたが、共通することが1つあった。それは、人々がより良い生活を送ることを手伝いたい、という思いであった。一人ひとりが、まずインフルーに入社し、それから良いときも悪いときも、大半は悪いときであったが、会社に居続けたのは、まさにそれが理由だった。

ジェームズは、3人の事業ユニットの部門長と彼自身が共有する価値観を訴求しようと決めた。

みんなにマックスのことを話さなければならないとわかっていた。

彼は、今後会社をどの方向に導くのかを話し合うために、会社ではなくオフサイトの会場に、3名のユニットの部門長を招待することにした。

ジェームズは、彼の作成したインフルーの計画を3人に話したいと考えていた。彼が説明したかったのは、インフルーの目指す方向として、もともとインフルーが体現していたものに、再度焦点を当てることであった。すなわち、利益や効率ではなく、「人々がより良い生活を送れるよう手伝い、より良い世界にすること」であった。

「私たちの作る製品により、私たちは人々がより良く生きること、健康で生きることを手伝うことができる。診断および医学の分野で、まだ満たされていないニーズの大きな領域が存在する。そうした分野に取り組むのだ。それが、私たちの焦点を当てる場所なのであり、われわれが投資すべき分野だ。そうした分野から、いずれは利益が生まれるようになると思うが、資金をただ最大化するという目標のためだけに会社を経営したくはないのだ」とジェームズは言ったが、彼自身の感情を吐露することに奮起していた。だが同時に、彼に支援が来ることを望み、彼らの信頼を回復することを期待していた。

「私たちはこの会社に何らかの意味を持たせ、人の生命を救い、世界をより良い場所にするという使命に再度注目するんだ」と言ったときに、ヨーグが彼を熱心に見つめていることに気づいた。

「僕の家族は、8歳の息子を失くすところだった。2週間前に、突然のアレルギー症状によるアナフィラキシー・ショックを経験したんだ」とジェームズは、涙が出てくるのをこらえながら話し始めた。メアリーが息を呑むのが彼には聞こえた。「命が助かったのは、息子の姉が素早く症状に気づいてくれて、……すぐに救急救命センターに連れて行って、エピネフリンを注射するのが間に合ったんだ。今では、エピネフリンの自動注射器を息子のランドセルにも、車の中にも、台所にも、息子の寝室にも置いてあるんだ。自動注射器はみなインフルーの製品だ。ヨーグの子会社が作っているものだよ。僕は、会社のCSR（企業の社会的責任）を担当する部署に、学校の看護師さんたちの手元に常備できるように、自動注射器を寄付するプログラムを考えるよう頼んだ。これは娘のアイデアなんだがね。でも、娘は私にアイデアをくれ、そしてこのアイデアが、当社はどういった会社になりうるのか、私たちにはどんなことができるのか、を私に教えてくれたんだ。もし、きみたちが私についてきてくれるのなら、だが……」

そこまで言うとどっと疲れてしまい、ジェームズは3人が何かを言うのを待った。彼は、3人が耐えてきた長い間の辛抱を考えれば、少しばかりの皮肉や抵抗が出ても仕方がないと思っていたのだが、どちらの反応も返ってこなかった。

点火

反対に、3人がすぐに表明したのは、マックスが順調に回復していることへの安堵であった。ヨーグはインフルーでの仕事について、彼の亡くなった妻のようなガン患者を助けるという色あせた望みのことを考え、深いため息をついた。メアリーは立ち上がってジェームズの所に歩いてきて、これまでになかったことだが彼を抱きしめた。彼女は何も言わなかったが、4人の健康な息子がいることに感謝していた。そして、クウェンティンはジェームズの手を握り、マックスの回復を喜んだ。「あの子には、もう小エビはなしだね」と言い、自分がどれだけ感動したのか気づかれないように注意しながら、心からの気持ちを伝えようとした。「もう十分に食べたんだから！」

マックスの事件が引き金となって、インフルーのトップチームは、自分たちの個人的な人生経験を話し合った。

トップチームのメンバーが、それぞれ自分の経験を語り、締めくくった。ヨーグは最初の妻の死去と、そのことで転職したことを語り、メアリーは、父の世界、男の世界である専門的科学研究の世界で、女性として、妻として、そして母として生きることの難しさと闘いを語った。クウェンティンは、若い頃プロ・スキーヤーになりたかったことから、ビジネスの世界での成功を求めるようになり、その変遷の苦労を語った。ビジネスの世界で、彼は自分が好かれるようになろうと努力し、本当に互いを思いやる同僚たちの一員になろうとしてきたことを語った。

お互いの話を聞くにつれ、それぞれが、自分たちがインフルーへの新たなコミットメントの感情から、重要な決断をしようとしていることに気づいていた。いつも控えめだったヨーグは、彼の2番目の妻、イルザに対する愛がいかに深く、感謝に満ちたものであったかに気づいたのであった。彼は、これまで感じてきた感情的な制約を乗り越えなくてはならないと思い、ガンと闘うボランティア・ワークと彼の会社での仕事に対する彼女の支援に、直接、感謝の言葉を告げようと決めていた。

メアリーは、彼女を採用したがっていた米国の巨大製薬企業の人たちに、インフルーに残ることをきっぱり告げようと決心していた。彼女には、夫と子供たちがこれで安心することがわかっていたし、そのことも彼女が喜びを感じる一因であった。

クウェンティンは、長い間ガールフレンドでいたクロエに結婚を申し込もうと決めた。彼の頭に浮かんだのは、「これが僕の人生だ。僕はもうスキー・スロープにいる子供じゃない。僕は、何を待っていたんだ?」というものだった。

彼らの、感情的で心の琴線に触れる自伝的物語は、お互いの感情、希望、夢、不安、動機づけ、それに欲求不満に関して、深い洞察を与えた。それぞれが互いに、自らの個人的物語を語ったことから、予期しなかった副次的効果が生まれた。その結果、互いの信頼感が高まり、同僚としての温かさが強まったのだ。

全員から話を聞いた後、ジェームズはソファーに深く座り直し、「では、病気の人たちの命を救おうじゃないか」と言った。

ジェームズの新鮮なエネルギー、真摯な取り組みの心、明確な使命感が、インフルーの新たな取り組みの炎に点火したのだ。彼の、息子に関する個人的な話が、彼の価値観に生命を与えた。そして、彼の心に迫る話がチームに、ジェームズがただのCEOである以上の存在であることを示した。彼は、家族を思う心優しい父親であり、さらにマックスの回復が早かったことから、物語全体がインフルーの将来についての上昇イメージとなり、しかも強く関係したものとなった。

その後4人は、人々を癒す事業にインフルーを戻すには何が必要なのかに関して、ブレーンストーミングを開始した。彼らの会話には、会社全体の変革の必要性、共同して野心的な行動計画を考えることと、これまでよりも患者志向の将来計画を立てることが含まれていた。突然、4人の感じていた欲求不満、怒り、ネガティブな感情は、すべて雲散霧消してしまったように思えた。リーダーシップ・チームのメンバーであるという自覚、高揚感、ポジティブなエネルギー、協力しあうことへの共感、それにインフルーへの気持ちの合ったコミットメントが、4人に戻ってきたのだ。

影響力行使モデルに基づく全社的企業変革プログラム

ジェームズは、彼のリーダーシップ・アプローチの変更の効果が、数カ月しか続かないのではないかと、まだ心配していた。特に、変革の途中で後退することが起こったらどうしよう、と気にかけていたのだ。結局のところ、既に同じことを経験していたのではないか？インフルーには、やらなければならないことが山ほどあるのに。

彼には、感情移入型の共感構築に重点を置いた、ソフトな影響力行使スタイルを使えば、コミットメントを高めることに役立つことはわかっていたが、それだけではなく、実際のビジネスの結果にも表れてこなければだめだった。彼は頭の中で、最近マークと話したときのことを思い出していた。それは、ジェームズのインスピレーションを与える訴求アプローチを、それぞれの事業ユニットの部門長の最も顕著な特徴に合わせたソフト影響力行使の手段を選んで、併せて実行しようと合意したときのことであった。

メアリーの顕著な特徴は、ジェームズのアイデアと議論に対するオープンな態度と、著名な科学者の採用に関するジェームズの支援への希望であった。ジェームズにも、メアリーに対して影響力を行使するには、オープンに直接伝えるのがよいとわかっていた。彼は、最も率直で直接的な影響力行使手法である、合理的説得に方向転換した。彼は、メアリーの価値観に訴求するため、論理と確実な保証を与えるようにした。「きみがイノベーションに関して感じている緊急度はよくわかるよ。それに、当社の研究開発力を深め、強化する助けとなる企業を2社見つけたんだ。1社はスイスに、もう1社は米国にある」とメアリーに話した。

クウェンティンの顕著な特徴は、会長のカールと同じく、怒りの感情こそが彼の基本的な感情性質であり、特に自分の部門で物事がうまくいかない場合にその傾向が強まった。他の人よりも怒りの感情を経験することの多い人は、行動志向が強く、強い野心を持ち、競争的でリスクテイカーである。そうした人は、ときには世の中を戦場と見て、他の人を敵か味方かと（黒白を明確に）二分し、対立を個人的なものと考えがちである。ジェームズは、クウェンティンの怒りを刺激し、アジアの競合企業群に向けさせようと決めた。日本の競合企業1社に限定するのではなく、全体を相手にし（「敵はわが陣地に侵入し、きみを攻撃している」）、支援を約束するのである（「僕はきみの味方だ。競合と戦うきみを支援するには、何をするのがいちばんよいのだろうか？」）。

ヨーグの顕著な特徴は、良心的なことであった。良心的な人は、迎合やその他類似の社会的な手法の対象になることが多い。迎合においては、社交辞令を使い、対象人物が特別なスキルや資格を持っていることを告げ、過去の素晴らしい実績を賞賛することが多い。それがまさにジェームズのしたことだった。（「前回の業績回復で、きみの尽力は本当に役立った。おかげで、結果に大きく影響したね。きみの友情を頼りにしていたんだ」）

時が経ち、こうした介入の効果が発揮され、部門長たちの変革への共感、興奮も維持され、変革を成果に結び付けようという熱意も持続された。それぞれの部門長は、自らの部門にエネルギーを与え、必要な機器と人材への会社の改定された投資計画のほとんどを実施した。しかし、ジェームズと部門長たちは、その段階ではとどまらなかった。ジェームズはマーク・ジェンセンの作成したインスピレーションに基づく企業変革の論文のコピーを、3人に手渡した。3人が論文を読んだ後、4人はそれについて話し合い、討議をした。彼らがたどり着いた結論は、影響力行使モデルの4つの要素に基づく、全社的企業変革プログラムの実施であった。

◆第1に、4人は、「より良い生活ができるよう人々を助ける」という基本概念の周りに変革の物語を開発した。組織の文化や価値観については、特にアンケート調査は実施しない。チームは、何が正しいのかを、経験と感情に基づいて判断し、進める。4人は、インフルーにとりこれが正しい使命であると自信を持っており、組織内のほとんどの人に訴求するものだと信じていた。そして、もしこれに合意しない人が少数いたとしても、そうした人にはインフルーが合っていないと考えていた。

◆第2に、企業変革の物語に埋め込まれた価値観のロールモデルとなることに、4人とも合意した。これは、それほど難しいことではなかった。結局のところ、彼らは自分たちが信じていたことをやっていただけであり、何の演技も必要なかったからである。彼らはまた、もし誰かが共通の価値観に沿った行動をとらなかった場合、お互いに指摘し、注意しあおうと合意した。このルールは、ジェームズを含む全員に該当するものとなった。

◆3番目として、ジェームズは、インフルーの計画制度と人事業績評価制度を変更し、事業部門長に権限を委ねた。戦略計画と事業計画の提案と決定が、戦略部のジェーン・カニンガムの助けは借りるとしても、彼自身の1人の責任ではなくなったのである。ジェームズは、事業部門長に自分たちの部門の計画を立てさせ、実施の説明責任を負わせることから、自分は目標の設定と事業部門長のコーチングに集中しようと計画していた。彼はまた、研究開発と戦略、総務および財務部門が提供を申し出ていた人材の管理も、事業部門長が分担するよう提案し、勧奨していた。これは、広範な協力関係を持った経験のあるジェーン・カニンガムと、以前自動車メーカーで似たような制度を経験していたヨーグを除く2名の事業部門長、メアリーとクウェンティンにとっては大きな変化だった。この2名は、「インフルーでのベテラン」がトップチームにいたため、トップダウンの指示に慣れてしまっていたからだ。2人には独立したリーダーの経験もなければ、自己管理型のチーム経験もなく、どちらも大勢の部下を持つ経験が欠けていた。

◆4番目に、トップチームは共同でリーダーシップ開発プログラムの実施に合意した。すなわち、インフルーのトップ100名の未来のリーダーの育成であり、3つの事業部門から

25名ずつ、財務、戦略、管理部門から25名という構成であった。「自己管理型」の業績達成セルという新制度に移行するには、新進のリーダーたちには異なるスキルの組み合わせが必要であることが、トップチームには明確にわかっていたのである。今や、役員や管理職の一人ひとりが、自分たちの策定した計画と実績結果に説明責任を持つからには、彼らのトレーニングもまた、問題解決、戦略計画の策定、優先順位の設定といった新たな能力の開発に焦点を当てなければならなかった。

＊＊＊

わずか数カ月後には、インフルーではポジティブなエネルギーが火を噴いていた。こうした変革が、全組織に短期間で影響を与えたのである。燎原の火のごとく、新しいプロジェクトへの興奮と熱意、それにインフルーの製品ラインへの注力の方向転換は、組織中に広がっていった。

物事は急速に変わっていき、今回は本物であった。インフルーのイノベーションのリストは急速に拡大されていった。売上げは改善し、ほんの2、3カ月のうちに会社の成長は始まった。特に強力な成長の兆しが見えたとき、会長のカールがジェームズに電話をくれ、インフルーの売却の話はなくなったと知らせてくれた。

その代わりに、カール、ジェームズと取締役会、それにマネジメント・チームは、今や大規模な企業買収を話し合っている……。

あとがき――インスピレーショナル・リーダーシップは最強である

真のリーダーとは、自分の影響力が人々にインスピレーションを与え、人々が期待されていたことを行うような人物である。自分のインスピレーションにより信じてもらえるのではなく、自分のエゴにより人を操作するようになると、あなたはリーダーではない。

――イズラエルモア・アイヴォール

この比較的薄い書物で、インスピレーションを与えることにより、他の人たちのリーダーとして振る舞う戦略について考えてみた。これが、組織の中にコミットメント、情熱、エネルギー、粘り強さ、イノベーションを創り出す最強のアプローチである。それというのも、人間の脳科学的なレベルで学習し成長する方法と、この方法が直結しているからである。

インスピレーショナル・リーダーシップは、まさに人間の脳が学び、脳自体が変わっていくメカニズムに基づいているため、人の行動や組織の変革を加速するのである。私たちは、インスピレーショナル・リーダーシップを活用するのが、複雑でダイナミックな状況では最も効果的なアプローチであることを見てきたが、そうした状況では、人間は「感情的」になるものであり、言い換えれば、組織が変革プロセスを通過中であるかのように、プレッシャーとストレスにさらされている。

インスピレーショナル・リーダーシップは、大規模な変革を加速してくれる。事実、これがリーダーにとって、大規模組織に適用可能なソフト影響力行使手法であり、唯一のリーダーシップ・アプローチなのだ。合理的説得は、どちらかと言えば効果的ではない。社交辞令、交換、個人的訴求、それにコンサルテーションは、効果的な影響力行使アプローチではあるが、規模を拡大するのは簡単ではない。組織の中の1万人の人に、どうすれば親切な行為を要求できるだろう？　また、何十もの国で活動する組織で、交換やコンサルテーションを、あなたはどうやってできるのだろうか？

だが、インスピレーショナル・リーダーシップであれば、一組織の、一企業の、一国の、いや世界中の変革を引き起こすアプローチとして用いることが可能だ。ジョン・F・ケネディ、マハトマ・ガンジー、あるいはネルソン・マンデラといったインスピレーショナル・リーダーたちを思い起こしていただきたい。インスピレーショナル・リーダーシップこそが、今日のダイナミックな市場で、長期間生き延び、繁栄できる大規模な組織を舵取りする、唯一の有効なリーダーシップ・アプローチなのかもしれない。また、創造的破壊の逆風に対する闘いに、企業が長期間勝ち続けることを可能とする、唯一のアプローチなのかもしれない。

何のために、インスピレーショナル・リーダーシップを使うか？

ＰＡＲＴⅡとＰＡＲＴⅢでは、インスピレーショナル・リーダーシップを使ううえで、能力と自信を築く出発点となる概念的枠組みと手法を説明した。ＰＡＲＴⅢとＰＡＲＴⅣでは、インスピレーションを与えることを通じてリーダーシップを発揮するための「道具箱」を提供した。

だが、疑問が１つ残る。「道具箱」の中のツールを、あなたは選び、使うべきなのだろうか？

この答えには、２つの見方がある。

第１に、他の人を操作するのに、あなたがインスピレーショナル・リーダーシップを使うことは可能だ。人々の価値観に訴え、感情をかき立てることにより、あなたは人々をあなたの望む方向に動かすことができるからだ。重要なことは、インスピレーショナル・リーダーには、他の人たちの最善の利益にはならないとしても、ただリーダーに奉仕するために、他の人たちを動かすことができる、という点だ。

たとえば、企業のトップであれば、コスト削減プログラムを実施し、全社員に対して、会社全体を強くし、競争力を上げ、全社員の雇用を守るため、といったもっと大きな善のために、全社員の給与削減の実施を依頼するかもしれない。そうする過程で、リーダーは他の人たちを助けるという価値観に訴え（「給与削減を受け入れることにより、きみたちは仕事を守ることができる」）、また公平性という価値観（「私たち全員が給与削減を受け入れるのだ」）に訴えるかもしれない。

さらに、リーダーはこうした訴求をすると同時に、コスト削減と利益の増大が達成されたなら、年度末には巨額のボーナスを彼が受け取ることができるということは、隠しておくかもしれない。あるいは、たとえば政治的リーダーであれば、選挙に勝つために投票者の不満と怒りをあおり、しかし選挙が終われば、良い政治を実行することなど気にもかけないかもしれない。

人を操作する目的でインスピレーショナル・リーダーシップを使うことは、人々に給与削減を受け入れさせ、投票行動に走らせることはできるかもしれないが、息の短いアプローチである。企業のリーダーが、自分自身は給与を削減していないという情報が公表されたら、影響力行使のアプローチは失敗につながり、組織全体に皮肉、怒り、抵抗が生み出されてしまう。あるいは、政治的リーダーが公約した一般社会のための変革を実施しなければ、市民は抗議の声を上げ、さらには暴力的なデモさえも起こり、次の選挙では悪党を落選させるだろう。

インスピレーショナル・リーダーシップが効果的で、人々の操作目的ではないためには、リーダーには偽りのない真心からの活動と「歩き回り、みんなと話す」ことが必要だ。偽りのない、真心からの活動とは、あなたが感情を揺り動かそうと思う人たちのためを思い、あなたが他の人たちにしてもらいたいことを自らがやる決意を持つことである。簡単に言ってしまえば、もしあなたが価値観にせよ、感情にせよ、他の人たちのことに関心がなければ、その場合あなたは、彼らにインスピレーションを与え動かそうとは考えていないし、誤った虚飾の下でインスピレーショナル・リーダーシップを使うべきではない。反動のもたらす結果が大きすぎるからである。

インスピレーションを与えることで、リーダーは成長する

2番目に、インスピレーショナル・リーダーシップには、他の人たちに実行の力を与える、エンパワーという意味が暗黙のうちに含まれている。他の人たちの心に「点火」する、すなわち、コミットメント、情熱、熱意、エネルギーに点火することは、変革を実行する能力が

インスピレーションを与えられる人たちになければ、無意味なのだ。

インスピレーショナル・リーダーシップが効果を発揮するには、変革が実際に起こるよう、リーダーが他の人たちに力を与え、エンパワーしなければならない。リーダーによっては、権限を委譲することに居心地の悪さを覚え、コントロールを失うような感じがするかもしれない。たとえば、CEOが社員数の決定を中央で1人で決めるのではなく、何人かの事業部門長に人数の決定を委譲するような場合である。

CEOは、「1人か2人の部門長が間違えたら？　全員が間違えたらどうなる？」と疑念を抱くかもしれない。だが、インスピレーショナル・リーダーシップでは、他の人たちの能力、強みと弱みを理解していることが前提として考えられ、権限の委譲を適切に行えることが暗黙のうちに含まれている。それはつまり、他の人たちを信じ、信頼して任せられるということが暗黙の前提だということなのだ。自信がなく、他の人たちを信頼できないリーダーであれば、インスピレーショナル・リーダーシップを実施できない。やっても、うまくいかないのである。

しかし、自分が指導する人たちのためになることを考え、信じるリーダーであれば、インスピレーショナル・リーダーシップが、世界に対して違いを生み出せる助けになることがわかるだろう。

偽りのない真心から、人を信じるインスピレーショナル・リーダーシップは、人々を利用したり、搾取したりしない。そうではなく、人を育てるのである。インスピレーションを得た人たちは、自分の信じることにコミットし、情熱的で、エネルギッシュであり、力を得ている。

そうした人たちは、自らのイニシアチブで動き、意思決定をし、イノベーションを実行し、創造していく。またそうすることにより、彼らは学び、自信を身につけ、個人として成長するが、それは仕事の場に限られず、それをはるかに超える。私たちの脳は、生まれつき学習するために結線されており、新しいシナプスの結合を作り、進歩することを待ち望んでいる。インスピレーショナル・リーダーシップは、脳の生まれつきの学習意欲と成長意欲を利用し、それを実現させる。他の人たちにインスピレーションを与えることにより、リーダーは自らの心と将来とを成長させ、切り開く。

このリーダーシップの形態は、人々の成長を助けてくれる。それもほんの少数の人たちではなく、数千人の人たち、いや、ときには何百万人もの人たちの成長を。

人々の成長を助け、もっと自信を持ち、もっと創造的になり、もっと効果的になることにより、1人のリーダーが人生に違いをもたらしてくれる。少数の個人、いくつもの人々のグループ、複数の組織、国々、そして世界中の人々の人生に。

解説

マンフレッド・F．R．ケッツ・ド・ブリース
INSEAD　フランス、シンガポール、アブダビ
リーダーシップ育成および組織変革　臨床名誉教授

人間は合理的な動物だと言われてきた。この言葉が正しいという証拠を、私は一生をかけて探してきた。

——バートランド・ラッセル

初めに、本書を読むことが本当に楽しかったと申しあげたい。たいていの場合がそうであるように、良い本というものは理解を助けてくれると同時に、本当にわかった、と感じさせてくれるものである。良い本はいつも、多くの扉を開いてくれる。私たちの創造力をかき立ててくれるのである。

著者のクラウディオ・フェサーは、うまく描かれて、とても真に迫ったケーススタディを使っている。そして、赤い糸で指し示すように明確なわかりやすいやり方で、組織には単に戦略、機構、それに組織を動かすシステムよりも多くのものが含まれていることを、経営者に理解させてくれる。読者を、組織の中にうまく引き込むのである。

そして、ビジネスをするうえで良い環境を作り出すことを使命とするマッキンゼーのよう

な企業が与える大きな影響力を考えると、この重要なテーマについて、同社のリーダーシップ開発研究グループのリーダーにより書かれた書物を読めることは、何よりの喜びである。

核心を言えば、リーダーシップは、人間の振る舞いにかかわるテーマである。私たちが何をし、なぜそうするのか、という問題だ。さらに具体的に言えば、リーダーシップとは、人々が組織の中でどのような行動をとるのか、についての学問であり、効果的なリーダーとは、人間の振る舞いがよくわかっている人たちのことである。効果的なリーダーは、ついてくる人たち（フォロワー）の不安を鎮め、希望を引き出し、望みを高め、力を与え、ポジティブな行動へと駆り立てる。私たちが常に心に留めておかなくてはならないのは、合理的な思考を押し付けるだけでは、感情によって人々が突き動かされるときと同じようにはけっしてならない、ということである。

しかしながら、たいていのリーダーシップの定義、リーダーシップ研究の手法、リーダーシップ能力の開発の対象は、目に見える意識的な行動である。この考え方によって、私たちは機械論的な職場の価値観に縛られ、唯一重要なことは私たちの目に見えるものであり、直接測定できるものだ、という神話を信じ込まされている。

この神話の背後には、科学的管理法を主張したフレデリック・テイラーの亡霊が、今でも存在している。その結果、多くの研究者や経営者が、組織の中での行動は観察可能であり、合理的、意識的、機械的で容易に理解できる現象に関するもののみである、という誤った考えにしがみついている。つまり、「水面下で」起きているつかみどころのない心理プロセスが、多くの場合、無視されているのだ。

組織の中にいる人間は、意識的に価値と便益を最大化するただの機械ではなく、実は多くの（しかもたいていの場合矛盾する）願い、幻想、葛藤、防御的行動、それに不安（あるものは意識的だが、他のものは意識を超越している）を抱く生身の人間なのである。私たちの毎日の生活は、表面的には「合理的な」行動や選択の下を流れる、常に変化する非合理的なさまざまな力の絡み合いで構成されている。そして、組織の中での生活もまた例外ではない。

残念なことに、心理分析や心理療法といった分野の概念が、仕事の世界にも役立つという考えは、あまり人気がない。歴史的に、心理学の実践家や研究者が、心理学は現実生活の複雑さに対応するものであり、その中での関係を扱うものと考え、会社生活の中での心理学という分野に踏み込むことを避けてきたからである。その結果、多くの組織と組織を対象として働く心理学者の研究業績は、本来達成できていたはずの水準を下回るものとなっている。心理学の実践者や研究者は、自分たちの本来の体重クラスよりも軽いクラスでパンチを振るっているのである。

偉大な組織、すなわち働くすべての人が実力を発揮できる組織を築くには、目に見え、測定できる行動でリーダーたちの意識がとどまるのではなく、その中身を知ることが必要なのだ、という見方を私はこれまでに何度も主張してきた。それには、リーダーたちが人間行動の力学を理解することが不可欠だ。つまり、「水面下で」何が起こっているのかを理解しなければならない。出来事の底流となっている感情、価値観、パーソナリティといった人の心が持つ力を理解しなければならない。

165社で37万人の社員を対象にした調査を実施して、マッキンゼー・アンド・カンパニーは、このことの重要性を証明した。本書にまとめられた調査結果によれば、健全な組織を築くには、EQ（Emotional Inteligence Quotient：こころの知能指数）が高く、心理的感度の高いリーダーが必要であるということだ。健全な組織とは、競合よりも高い業績を上げ、素晴らしい才能を持つ人材を引き付け、従業員のやる気を出させて力を与え、最終的に株主に対し例外的な報酬を生み出す組織である。

組織の中での人間行動に関する心理力学的アプローチを使えば、「水面下で」何が起こっているのか、つまり直接目に見えず測定できないものをリーダーたちが理解することを助けてくれる。このアプローチは、人々が、やる気を起こさせるいくつもの駆動力を持ち、独自で複雑で、矛盾に満ちた存在であることを認めている。「臨床パラダイム」は、私（それに大勢の同僚）が組織の中での人間行動を研究するのに使った、心理力学を観察する拡大鏡である。このツールを使うことにより、人々の思考や感情のパターンに深い洞察が得られ、そうした認知および感情のパターンが組織内の（および組織外への）観察可能な行動とどのように結び付くのかが理解できる。

「臨床パラダイム」は、4つの前提に基づいている。

第1に、すべての人の行動の背後には、一見すると非合理に思えることであっても、論理的根拠があるという議論だ。論理的根拠は、たいていの場合つかみどころがなく、無意識のニーズと欲望が密接不可分に織り交ぜられているために、因果関係を知るには当惑させられるような行動に関して探索を行い、ヒントや手がかりを見つけ出さなければならない。さらに重要なのは、一見非合理な行動の意味合いを見つけ出すには、見る人に高いEQが求められることだ。

第2に、知的生活の大部分、すなわち思考、感情、動機の大部分が意識的な認識の外側にあるという議論である。人々は、自分が何をしているのか気づいておらず、ましてやなぜしているのかを認識してもいない、という事実だ。最も「合理的な」人物であっても盲点があり、最も「良心的な」人でさえも影の部分、つまり自分で気づいていないか知りたくない部分を持っている。そのうえ、人々は盲点を拡大しようと努力する。つまり、ある種の機能不全を起こす振る舞いの動機づけばかりでなく、他人には明らかに見える行動自体が自分には見えなくなるよう、時間をかけて防護機構を築いてしまう。しかし、無意識のプロセスが存在することを受け入れるのは、ある意味で楽である。それというのも、私たちがなぜ行動をとるのかを理解すれば、何を改善すればよいのかも見えてくるからである。

第3に、個人の存在意義にとり、彼ないし彼女が表現において感情をコントロールするやり方ほど重要なものはない、という点である。感情は、さまざまな経験にポジティブとネガティブの色をつけ、好みの度合いを設定する。感情が、自分と他者との知的な位置づけを内在化する基本であり、それが自身の一生を通じた関係性を示すものとなる。それに加えて、感情は適応や防御といった局面で、人々の内面の劇場の個人的「台本」として作用する。自分そして他者のさまざまな感情を経験することにより、他者（そして自分自身）との密接な接点を持つことを可能にし、彼らがどのように感じるのか（どう考えるのか、ではなく）、彼らが何を好み嫌うのか、そして彼らが何を欲しがり嫌うのかを発見することが可能となる。

第4の前提が、人間の成長は個人の内的プロセスであり対人プロセスであるということだ。私たちは、全員が私たちの過去が創り出したものであり、亡くなる日まで毎日が、幼児期に世話をしてくれた人たちに始まる対人成長経験である。子供の頃の経験は、パーソナリティの成長、特に他人とのやりとりの仕方を決定するうえで、かけがえのない役割を果たす。主要な世話をしてくれる人、特に両親による心理的刷り込みはとりわけ強く、時間や場所においてときには混乱をもたらすことがあり、たとえ現在であっても、両親が昔からの大事な人たちであるという行動をとらせてしまう。私たちは一般にそれに気づかないが、「転移」反応では時と場所が混乱してしまうことを心理学者は指摘している。私たちの現状の環境と、意識下のシナリオとのミスマッチが、多くの人たちが経験する非合理的な行動を引き起こしているのかもしれない。

クラウディオ・フェサーが著したこの本は、臨床パラダイムの基本を形成する概念の多くを実務的な形で紹介するものであり、思考と感情のさまざまなパターンと、その下に存在する仮説、価値観、感情、パーソナリティを整理した枠組みである。本書の目的は、リーダーの地位にある方々のEQを引き上げ、心理的感受性を向上させることである。そのため本書では、適用の簡単な枠組みとツールを提供し、自分自身と他者の理解力を改善し、組織の中での人の行動の力を身につけられるよう考えられている。

しかしながら、高いEQを得る、つまり人間行動の心理力学の理解は、短時間では不可能だ。これまでよりも心理的に注意を払い、感情的に抜け目なくなるには、時間と練習が必要だ。その意味で、この本を読むことは非常に良い一歩であり、大きな見返りを得る旅に出ることができる。

仕事を始めてから、私はEQの高い組織を築く手伝いをしてきた。この望みを現実に変えるために、私には夢がある。それは次のようなものだ。もし、私が経営学の教授、コンサルタント、リーダーシップのコーチ、精神療法医、あるいは精神分析医だとすると、私は組織の先頭に立つおよそ20人の人々のEQを一度に向上させることができる。おそらく10万人を超える責任ある人たちにポジティブな影響を与えることができるだろう。彼らの組織がもっと効果的になるように自分は手伝えると私は思いたいし、忘れてはならないのが、組織をもっと人道的なものにできることだ。数多くの組織が、「収容所」の資質を持ち過ぎており、そのことにより、人々が持っているポテンシャルをフルに発揮することが妨げられている。

本書は、私の夢を実現することに貢献してくれるものだ。組織をもっと健康なものにすることに貢献し、働く人たちが真に生きていると感じられ、状況に対応し感情的にインテリジェントなリーダーが育っていく組織になるだろう。

組織の中で、心理学や感情の果たす役割を探求することは、新しい試みではない。多くの詩人、小説家、それに劇作家が以前からやってきている。そうした先達は、早期の心理学者であった。彼らの傑作には、シェイクスピアの『マクベス』『リチャード3世』それに『リア王』が挙げられる。ヒースの生えた丘でリア王は、グロースター伯に「汝は世界をどのように見るのか?」と尋ね、盲人であるグロースターは、「私は、しみじみと感情を込めて見ています」と答えた。

私の願いは、世界中の組織を率いる人は男性も女性も、グロースターと同じことをしていただきたい、ということだ。

2016年8月フォンテーヌブローにて

3 P. T. Costa and R. R. McCrae, "Domains and Facets: Hierarchical Personality Assessment Using the Revised NEO Personality Inventory," *Journal of Personality Assessment* 64, no. 1 (1995): 21–50.

4 同書。

【Chapter 14】

1 C. A. Bartel and R. Saavedra, "The Collective Construction of Work Group Moods," *Administrative Science Quarterly* 45 (2000): 197–231.

2 T. Basford and B. Schaninger, "The Four Building Blocks of Change. Four Key Actions Infl uence Employee Mind-Sets and Behavior. Here's Why They Matter," *McKinsey Quarterly* (2016).

3 M. E. Gist, "Self-Efficacy: Implications for Organizational Behavior and Human Resource Management," *Academy of Management Review* 12, no. 3 (1987): 472–485.

4 同書。

5 M. Turner, *The Literary Mind: The Origins of Thought and Language* (New York: Oxford University Press, 1996).

6 A. Deutschman, "Change or Die. New Insights from Psychology and Neuroscience," *Fast Company* (2005).

7 C. Feser, *Serial Innovators. Firms that Change the World* (Hoboken, NJ: Wiley & Sons, 2011).

8 E. D. Beinhocker, *The Origin of Wealth: Evolution, Complexity, and the Radical Remaking of Economics* (Cambridge, MA: Harvard Business School Press, 2006).

9 A. Bandura, *Self-Efficacy: The Exercise of Control* (New York: W. H. Freeman, 1997).

publication, 2014.

18 U. Schimmack, P. Radhakrishnan, S. Oishi, and V. Dzokoto, "Culture, Personality and Subjective Personality, and Subjective Well-Being: Integrating Process Models of Life Satisfaction," *Journal of Personality and Social Psychology* 82 (2002): 582–593; P. T. Costa and R. R. McCrae, "Influence of Extroversion and Neuroticism on Subjective Well-Being: Happy and Unhappy People," *Journal of Personality and Social Psychology* 38 (1980): 668–678; R. A. Emmons and E. Diener, "Personality Correlates of Subjective Wellbeing," *Personality and Social Psychology Bulletin* 11 (1985): 89–97; R. A. Emmons and E. Diener, "An Interactional Approach to the Study of Personality and Emotion," *Journal of Personality* 54 (1986): 371–384; W. Pavot, E. Diener, and F. Fujita, "Extroversion and Happiness," *Personality & Individual Differences* 11 (1990): 1299–1306; W. Ruch, "Extroversion, Alcohol, and Enjoyment," *Personality & Individual Differences* 16 (1993): 89–102.

19 Schimmack et al., "Culture, Personality, and Subjective Well-Being."

20 M. A. Chesney, P. Ekman, W. V. Friesen, G. W. Black, and M. Hecker, "Type A Behavior Pattern: Facial Behavior and Speech Components," *Psychosomatic Medicine* 52 (1990): 307–319; D. Keltner, T. Moffi tt, and M. Stouthamer-Loeber, "Facial Expressions of Emotion and Psychopathology in Adolescent Boys," *Journal of Abnormal Psychology* 104 (1995): 644–652.

【Chapter 11】

1 G. M. Hurtz and J. J. Donovan, "Personality and Job Performance: The Big Five Revisited," *Journal of Applied Psychology* 85, no. 6 (2000): 869–879.

2 K. M. Mullaney, "Leadership Influence Tactics in Project Teams: A Multilevel Social Relations Analysis" (PhD dissertation, Graduate College of the University of Illinois at Urbana-Champaign, 2013).

M. F. R. Kets de Vries and A. Cheak, "Psychodynamic Approach," INSEAD Faculty & Research working paper, 2014.

4 Kets de Vries, *Leader on the Couch* ; Kets de Vries and Cheak, "Psychodynamic Approach."

5 J. F. Winnie and J. W. Gittinger, "An Introduction to the Personality Assessment System," *Journal of Clinical Psychology, Monograph Supplement* (1973): 38–68; C. J. Krauskopf and D. R. Saunders, *Personality and Ability: The Personality Assessment System* (Lanham, MD: University Press of America, 1994).

6 N. Carlson et al. *Psychology: The Science of Behaviour* (Toronto: Pearson, 2010).

7 同書。

8 J. M. Digman, "Personality Structure: Emergence of the Five-Factor Model," *Annual Review of Psychology* 41, no. 1 (1990): 417–440.

9 R. R. McCrae and O. P. John, "An Introduction to the Five-Factor Model and Its Applications," *Journal of Personality* 60, no. 2 (1992): 175–215.

10 M. Rokeach, *The Nature of Human Values* (New York: Free Press, 1973).

11 R. Kegan, "The Colors of Emotions," *Counseling Master Class Handbook*, internal training material (New York: McKinsey & Company, 2013); リチャード・J. デビッドソン 、シャロン ベグリー『脳には、自分を変える「6つの力」がある。』(三笠書房、2013年)。

12 デビッドソン、前掲書。

13 D. Matsumoto, "Culture, Context, and Behavior," *Journal of Personality* 75, no. 6 (December 2007).

14 デビッドソン、前掲書。

15 P. Ekman, *Emotions Revealed: Recognizing Faces and Feelings to Improve Communication and Emotional Life* (New York: St. John's Press, 2007).

16 同書。

17 C. Feser and P. Gurdjian, "Growing Leaders. A Light-Hearted Introduction to Leadership Development," McKinsey internal

York: Brady, 1979).
2 C. Darwin, *The Expression of Emotions in Man and Animals*, original edition (London: Penguin Classics, 2009).
3 P. Ekman, *Emotions Revealed: Recognizing Faces and Feelings to Improve Communication and Emotional Life* (New York: St. John's Press, 2007).
4 R. Kegan, "The Colors of Emotions," *Counseling Master Class Handbook*, internal training material (New York: McKinsey & Company, 2013).
5 A. Bandura, *Social Learning Theory* (Englewood Cliffs: Prentice Hall, 1977).
6 チャルディーニ、前掲書。
7 D. Goleman, R. Boyatzis, and A. McKee, "Primal Leadership: The Hidden Driver of Great Performance," *Harvard Business Review* (December 2001).
8 C. A. Bartel and R. Saavedra, "The Collective Construction of Work Group Moods," *Administrative Science Quarterly* 45 (2000): 197–231.
9 G. Schoenewolf, "Emotional Contagion: Behavioral Induction in Individuals and Groups," *Modern Psychoanalysis* 15 (1990): 49–61.
10 E. Hatfield, J. T. Cacioppo, and R. L. Rapson, "Emotional Contagion. Current Directions," *Psychological Science* 2 (1993): 96–99.
11 Goleman, Boyatzis, and McKee, "Primal Leadership."
12 Schoenewolf, "Emotional Contagion."
13 Goleman, Boyatzis, and McKee, "Primal Leadership."

【Chapter 10】

1 D. Matsumoto, "Culture, Context, and Behavior," *Journal of Personality* 75, no. 6 (December 2007).
2 D. L. Schacter, D. T. Gilbert, and D. M. Wegner, *Psychology* , 2nd ed. (New York: Worth, 2010).
3 M. F. R. Kets de Vries, *The Leader on the Couch: A Clinical Approach to Changing People and Organizations* (San Francisco: Jossey-Bass, 2006);

22 ポール・ハーシー、ケネス・H・ブランチャート『入門から応用へ 行動科学の展開』(生産性出版、2000年)。

【Chapter 4】

1 A. Deutschman, "Change or Die. New Insights from Psychology and Neuroscience," *Fast Company* (2005).

2 C. Feser, *Serial Innovators. Firms That Change the World* (Hoboken, NJ: Wiley & Sons, 2011).

3 ダニエル・ピンク『ハイ・コンセプト「新しいこと」を考え出す人の時代』(三笠書房、2006年)。R. D. Precht, *Wer bin Ich, und wenn ja wie viele? Eine Philosophische Reise* (Munich: Wilhelm Goldmann Verlag, 2007).

4 D. Rock and J. Schwartz, "The Neuroscience of Leadership," *Strategy + Business* 43 (Summer 2006); デイヴィッド・J・リンデン『脳はいいかげんにできている』(河出書房新社、2017年)。

5 リンデン、前掲書。

6 同書。

7 同書。

8 Rock and Schwartz, "Neuroscience of Leadership."

9 ジル・ボルト・テイラー『奇跡の脳—脳科学者の脳が壊れたとき』(新潮社、2009年)。

10 リンデン、前掲書。

11 B. Oakley, "Learning How to Learn." TEDx speech published on August 5, 2014.

12 Rock and Schwartz, "Neuroscience of Leadership" ; リンデン、前掲書。

13 ダニエル・ゴールマン『ＥＱ　こころの知能指数』(講談社、1996年)。

14 Rock and Schwartz, "Neuroscience of Leadership"; テイラー、前掲書。

15 Deutschman, "Change or Die."

【Chapter 7】

1 M. Massey, *The People Puzzle. Understanding Yourself and Others* (New

Multilevel Social Relations Analysis," (PhD dissertation, Graduate College of the University of Illinois at Urbana-Champaign, 2013).

3 ロバート・B・チャルディーニ『影響力の武器』（誠信書房、1991年）。

4 D. Kipnis, S. M. Schmidt, and I. Wilkinson, "Intraorganizational Influence Tactics: Explorations in Getting One's Way," *Journal of Applied Psychology* 65, no. 4 (1980): 440–452.

5 D. Kipnis and S. M. Schmidt, *Profiles of Organizational Influence Strategies* (San Diego: University Associates, 1982).

6 G. Yukl, C. F. Seifert, and C. Chavez. "Validation of the Extended Influence Behavior Questionnaire," *The Leadership Quarterly* 19, no. 5 (2008): 609–621.

7 チャルディーニ、前掲書。

8 Stanley Milgram, "Behavioral Study of Obedience," *Journal of Abnormal and Social Psychology* 67, no. 4 (1963): 371–378.

9 Yukl, Seifert, and Chavez, "Validation."

10 同書。

11 同書。

12 チャルディーニ、前掲書。

13 同書。

14 Yukl, Seifert, and Chavez, "Validation."

15 同書。

16 同書。

17 同書。

18 C. M. Falbe and G. Yukl, "Consequences for Managers of Using Single Infl uence Tactics and Combinations of Tactics," *Academy of Management Journal* 35, no. 3 (1992): 638–652.

19 同書。

20 同書。

21 J. H. Zenger, J. R. Folkman, and S. K. Edinger, *The Inspiring Leader* (New York: McGraw-Hill, 2009).

注記

【イントロダクション】

1　この考えは、ジョフ・コルヴァン著『究極の鍛錬』（サンマーク出版、2010年）の中で力強く解説されている。

2　M. M. Chemers, "Leadership Research and Theory: A Functional Integration," *Group Dynamics: Theory, Research, and Practice* 4, no. 1 (2000): 27–43.

【Chapter 2】

1　C. Feser, F. Mayol, and R. Srinivasan, "Decoding Leadership: What Really Matters," *McKinsey Quarterly* (2015).

2　A. De Smet, B. Schaninger, and M. Smith, "The Hidden Value of Organizational Health — And How to Capture It," *McKinsey Quarterly* (2014).

3　M. Bazigos, C. Gagnon, and B. Schaninger, "Leadership in Context," *McKinsey Quarterly* (2016).

4　D. S. Derue, J. D. Nahrgang, N. Wellman, and S. E. Humphrey, "Trait and Behavioral Theories of Leadership: An Integration and Metaanalytic Test of their Relative Validity," *Personnel Psychology* 4, no. 1 (2011): 7–52.

5　Carmine Gallo, "The Seven Secrets of Inspiring Leaders," *Forbes* (July 6, 2011).

【Chapter 3】

1　M. M. Chemers, "Leadership Research and Theory: A Functional Integration," *Group Dynamics: Theory, Research, and Practice* 4, no. 1 (2000): 27–43.

2　K. M. Mullaney, "Leadership Influence Tactics in Project Teams: A

【アルファベット】

【サ行】

【タ行】

索引

［著者］

クラウディオ・フェサー（Claudio Feser）

マッキンゼー・アンド・カンパニー シニアパートナー（チューリッヒオフィス）、マッキンゼー・アカデミー チェアマン。スイスのベルン大学にて経営学および経済学の修士を取得。INSEADにて、MBAを取得。マッキンゼーのチューリッヒオフィスにおけるシニアパートナーであり、企業および役員向けにリーダーシップ開発プログラムを提供するマッキンゼー・アカデミー（https://www.mckinseyacademy.com/）をリードする。マッキンゼーにおける事実上の取締役会に相当する株主審議会の構成員、役員会のメンバーも務める。1999年にマッキンゼーのアテネオフィスを立ち上げ、その後6年間に及び同オフィスのトップを務める。2004年後半にスイスに帰国後、マッキンゼーのスイスにおけるオフィス（チューリッヒおよびジュネーブ）に加え、モロッコのカサブランカオフィスを6年間にわたり指揮した。ヘルスケアおよび金融（保険、銀行）業界の企業を主なクライアントとしている。著書に『Serial Innovators: Firms That Change the World』（2011年）がある。チューリッヒ在住で、2人の息子の父。

［訳者］

吉良直人（きら・なおと）

国際基督教大学教養学部卒業。ハーバード大学経営大学院卒業（MBA）。帝人（株）未来事業部、帝人ボルボ（株）を経て、マッキンゼー・アンド・カンパニー日本支社に入社。以来、大前研一氏の同社退職まで共に働いた。現在、トライコー（株）シニア・アドバイザーを務める。ハーバード大学在学中に大前氏の『企業参謀』（The Mind of Strategist）を英訳し、また同氏が米国で出版した『The Invisible Continent』『The Next Global Stage』（邦訳『新・資本論』『新・経済原論』は東洋経済新報社）等の翻訳も手がける。訳書に『「高業績チーム」の知恵』『大前研一 戦略論』『マッキンゼーが予測する未来』など多数。

マッキンゼーが教える科学的リーダーシップ

――リーダーのもっとも重要な道具とは何か

2017年10月25日　第１刷発行

著　者――クラウディオ・フェサー
訳　者――吉良直人
発行所――ダイヤモンド社
〒150-8409　東京都渋谷区神宮前6-12-17
http://www.diamond.co.jp/
電話／03･5778･7232（編集）　03･5778･7240（販売）

装丁――――水戸部功
本文デザイン―岸和泉
本文DTP ―中西成嘉
製作進行――ダイヤモンド・グラフィック社
印刷――――八光印刷（本文）共栄メディア（カバー）
製本――――本間製本
編集担当――木山政行

ISBN 978-4-478-10313-5